潍坊市 2021 年农民丰收节

在青阜农业综合体举办

青阜农业综合体 小麦收获

秸秆打捆

柳疃丝绸文化博物馆

传统织绸技艺

渤海走廊革命斗争陈列馆

抗战殉国烈士祠

龙池红色文化广场

石埠青山秀水景区

饮马镇山阳村博陆山景区

石埠滩水田园综合体

北孟孟南山蔬菜专业合作社

围子花木城　高端苗木

卜庄镇大陆村

大陆梨枣

国家地理标志产品　昌邑大姜

都昌街办西永安村　葡萄

奎聚街办黄辛村　山楂

饮马镇山阳村梨园　国家地理标志产品 山阳大梨

柳疃丝绸产品

卜庄草编

下营海水养殖

乡村振兴的昌邑实践与探索

昌邑市委党校　编　著
董存良　主　编
王亚丽　副主编

图书在版编目（CIP）数据

乡村振兴的昌邑实践与探索 / 昌邑市委党校编著 ;
董存良主编. -- 天津 : 天津大学出版社, 2021.9
ISBN 978-7-5618-7031-0

Ⅰ. ①乡… Ⅱ. ①昌… ②董… Ⅲ. ①农村－社会主
义建设－研究－昌邑 Ⅳ. ①F327.524

中国版本图书馆CIP数据核字(2021)第182251号

XIANGCUN ZHENXING DE CHANGYI SHIJIAN
YU TANSUO

出版发行　天津大学出版社
地　　址　天津市卫津路92号天津大学内（邮编：300072）
电　　话　发行部：022-27403647
网　　址　www.tjupress.com.cn
印　　刷　北京盛通印刷股份有限公司
经　　销　全国各地新华书店
开　　本　169mm×239mm
印　　张　12.5　彩插16
字　　数　240千
版　　次　2021年9月第1版
印　　次　2021年9月第1次
印　　数　1—5000
定　　价　30.00元

目录

上部　实践篇

下部　探索篇

前　言

昌邑地处山东半岛西北部，位于渤海之滨、莱州湾畔、潍水两岸，市域面积 1 627.5 平方公里，辖 7 个区镇、3 处街道，690 个行政村，总人口 58 万，是中国“丝绸之乡”“苗木之乡”“溴·盐之乡”“华侨之乡”，先后被授予“中国纺织产业基地市”“中国北方绿化苗木基地”“全国科技进步先进市”“首批国家智慧城市试点市”“全国生态文明先进市”“中国丝绸文化之乡”等荣誉称号。2020 年荣膺“全国文明城市”“国家卫生城市”“国家园林城市”。连续 9 年迈进中国中小城市综合实力百强、投资潜力百强，连续 2 年入围绿色发展百强、科技创新百强、新型城镇化质量百强，成为山东省 6 个“五榜共进”县市之一。2020 年，全市实现地区生产总值 450.4 亿元，人均 GDP 居潍坊各县市第 1 位；完成一般公共预算收入 32.4 亿元，城镇和农村居民人均可支配收入分别达到 39 641 元和 21 857 元。

昌邑交通发达，区位优越。属环渤海经济圈、青岛都市圈和胶东经济圈，具有得天独厚的区位优势、交通优势和空间优势。青银高速、荣潍高速、荣乌高速横贯市域东西，济青高铁已经建成通车，潍莱高铁 2020 年 11 月底实现通车。成功争取潍烟高铁和潍莱高铁在昌邑站交轨并入京沪二通道，昌邑在胶东半岛的重要交通枢纽地位进一步凸显。

昌邑历史悠久，人文荟萃。古称鄑邑、都昌，秦朝设县，宋朝定名，迄今已有 2 200 多年的建县沿革史，1988 年被国务院确定为沿海对外开放城市，1994 年经国务院批准撤县设市。历史上秦皇、汉武、唐宗、宋祖都曾亲临昌邑，昌邑还是晏婴、孙膑、霍光的封地，“鄑邑故城”遗址成为目前全国考古发现的唯一古代专门为管理盐业生产而设立的都城。昌邑从周朝时起“养蚕织帛，捻线就织”，昌邑商人更是齐鲁商人的典型代表，很早就背着丝绸漂洋过海，下南洋、闯北洋，打造了“近代海上丝绸之路”起点，“昌邑丝绸”成为国家地理标志保护产品，柳疃丝绸技艺被列为省级非物质文化遗产。昌邑是革命老区，“渤海走廊”保卫战和“胶河战役”等都在党史军史上留下了浓墨重彩的一笔，涌现出了开国少将李福泽、人民作家峻青、中国电影事业开创者王滨等多位闻名党史军史的英雄人物，留下了胶北特委旧址、昌邑县委旧址等一批革命遗址，抗日殉国烈士祠入选全国重点文物保护单位。高标准打造的党性教育基地建设“211”工程，接待市内外培训21.5万人次，渤海走廊革命斗争陈列馆获评中国红色文化陈列展览精品工程金奖。

党的十九大以来，昌邑市委市政府以乡村振兴为“三农”工作总抓手，牢记习近平总书记打造乡村振兴的齐鲁样板的要求，积极探索创新，在乡村振兴工作中走在了前列，承接了山东省以及国家的许多试点工作，是乡村振兴的先行先试区，开创了许多新经验，涌现了许多先进典型，打造了乡村振兴的昌邑样板，形成了乡村振兴的昌邑模式。昌邑市委党校作为市委市政府的参谋助手，担负着政策咨询服务的职责。昌邑市委党校的部分教师长期关注“三农”和乡村振兴工作，加强对“三农”和乡村振兴工作的调查研究，形成了许多有价值的调研报告，对推进昌邑的“三农”以及乡村振兴工作发挥了积极作用。为展现昌邑乡村振兴工作的成就，总结经验，推进乡村全面振兴，我们将昌邑各地乡村振兴工作的成就和党校教师十八大以来的有关调研报告汇编成书，以资借鉴。

本书编委会

吕珊珊同志在市委农村工作会议上的讲话

（代序言）

（2021年1月30日）

同志们：

这次会议，主要是深入学习贯彻习近平总书记关于“三农”工作重要论述，全面落实中央和省委、潍坊市委农村工作会议精神，总结工作，分析形势，部署任务，奋力推动“三农”工作在新的历史方位下取得新突破、再上新台阶。

刚才，市农业农村局等单位作了发言，讲得都很好，大家要相互借鉴、取长补短，全面提升各项工作水平。下面，就做好今年“三农”工作，我讲以下几点意见。

一、把握大势、深化共识，切实增强做好“三农”工作的信心底气和责任担当

去年以来，全市上下深入贯彻落实中央和上级党委关于实施乡村振兴战略的各项决策部署，解放思想、提升境界，攻坚突破、狠抓落实，“三农”各项工作迈出新步伐、取得新成效。

（一）农业产业支撑更加有力。坚持把产业兴旺作为推进乡村振兴的重中之重，不断提高农业综合效益和竞争力。一是粮食基本盘持续稳固。积极推广绿色高质高效标准化生产技术模式，有效确保粮食安全，2020年我市粮食播种总面积124.87万亩，总产量52.56万吨，比2019年增加1.12万吨。二是重点片区重点项目加快建设。潍水农业公园争创省级乡村振兴齐鲁样板示范区；青阜农业综合体成为省内规模最大、机械化程度最高、基础设施配套最全、服务链条最完整的农业生产经营综合体，承接财政部与省财政厅共同举办的政府和社会资本合作助力乡村振兴战略现场会、潍坊市春季农业生产现场会；饮马镇乡

村振兴齐鲁样板示范区被列入第二批潍坊市级示范区创建名单。广东海大现代渔业生态养殖示范园在建成对虾养殖中心的基础上新落户北方贝类育苗养殖中心，省级现代农业产业园等项目加快推进。三是品牌强农兴农战略深入实施。柳疃镇、卜庄镇、下营镇入选省级农业产业强镇。培育产值过10亿元农业龙头企业2家，农业产业化联合体发展到9家。我市获批国家农产品质量安全市和省“两全两高”农业机械化示范县。潍坊绿色大地农业发展有限公司生产基地被认定为2020年度全国蔬菜质量标准中心试验示范基地。山东宏大生姜市场有限公司入围2020潍坊高质量发展农业龙头企业30强，潍坊丰瑞农业科技有限公司入围2020潍坊乡村振兴样板。新增农产品“三品一标”10个，有效期内“三品一标”农产品个数达到115个。四是农村改革创新不断深化。入选首批省级农村改革试验区，获评全国农村承包地确权登记颁证工作先进典型。组建昌邑市三农创新发展集团有限公司，积极运作潍坊市昌邑数字化高效农业示范园、山东土地土壤治理技术工程有限公司昌邑基地（土壤医院）等项目，推动各类资本向“三农”领域有效聚集。

（二）农村人居环境显著改善。累计投入各类资金11亿元，突出抓好农村改厕、村容村貌提升、污水治理等8项重点任务，顺利通过农村人居环境整治三年行动评估验收。完成8.3万户农村改厕任务，《蹚出建管并重农村改厕新路子》被省农业农村厅列为山东省农村人居环境整治典型案例在全省推广。建立并在全国推广城乡环卫一体化“昌邑模式”，被评为“全国城乡环卫一体化典型案例”。57%的村完成生活污水处理，形成可复制可推广的“昌邑样板”，得到省生态环境厅通报表扬，全省农村生态环境管理培训班在我市召开。434个村庄完成通户道路硬化，城镇开发边界以外的544个村庄全部完成规划编制。建成美丽庭院示范镇4个、示范村28个、示范户4 926个。龙池镇龙北村魏专娣家庭入围2020潍坊十大美丽庭院。高标准完成2019年省级美丽乡村示范村创建，成功申报2020年省级美丽乡村示范村4个，新创建潍坊市级清洁村庄47个。

（三）乡村文化事业繁荣发展。加快新时代文明实践体系建设，建成各级新时代文明实践中心（站）640余处，我市推荐的《重逢》荣获“山东省新时代文明实践微视频大赛一等奖”。深入实施党性教育基地建设“211”工程，渤海走廊革命斗争陈列馆获评中国红色文化陈列展览精品工程金奖。抢救红色文化资源做法得到省委刘家义书记、省委宣传部于杰部长签批肯定，乡村记忆工程做法入选省“打造乡村振兴齐鲁样板”典型案例。持续深化文明村镇创建，创建全国文明村镇2个，省级文明村镇、社区39个，县级以上文明村达标率达 94.8%，“四德榜”、红白理事会、志愿服务站实现全覆盖。成功举办“龙乡文化节”“柳疃丝绸文化节”“大陆梨枣节”等节会，极大满足了农村群众文化生活需求。

（四）基层工作基础愈加稳固。“三化”融合模式入选“全国基层党建创新优秀案例”，被中组部《组工信息》、新华社《内参选编》、央视《纪录东方》等推广报道。实施村党组织书记培养头雁领航工程，公开遴选 10 名村党组织书记，调整优化 19 名村党组织书记。狠抓软弱涣散村党组织清理整顿，29 个软弱涣散村党组织已全部完成验收。实行党支部领办合作社全市提升行动，目前已有 6 个镇街实施整体推进，相关做法在省委组织部纪念莱西会议精神 30 周年座谈会上作典型发言。召开 5 000 人大会，压紧压实基层党建工作责任。市级财政投入 7 800 多万元，全面保障在职村主要干部报酬、离任村干部生活补贴、社区运转等各项工作经费，有效调动起基层干部干事创业的积极性。

（五）脱贫攻坚战取得决定性成就。6 个镇街获评“潍坊市脱贫攻坚工作示范镇”，代表潍坊市顺利通过省脱贫攻坚年度验收。住房安全方面，对全市建档立卡户、即时帮扶户、特困供养贫困户进行“拉网式”检查，投入 1 556 万元对 2 015 户贫困户房屋进行了改善提升。医疗保障方面，投入医疗救助资金 276 万元，救助建档立卡人员 5 566 人次。教育保障方面，发放各项资助金 434 万元，资助家庭经济困难学生 6 575 人次。残疾人保障方面，为 2 980 名新增残疾人办理残疾人生活补贴、护理补贴两项补贴，为全市 1 778 名重度残疾人代缴养老保险，为 1 056 户建档立卡贫困重度残疾人家庭实施无障碍改造。产业扶贫项目方面，统筹省、市、县财政资金 901 万元，实施 4 个扶贫项目，目前已全部竣工验收。

在肯定成绩的同时，我们也应当看到，我市农业产业整体竞争力还不够强，乡村振兴要素投入还不够足，大项目支撑还不够有力，农村人居环境、公共服务、基础设施等方面仍然存在一些短板，等等。对这些问题，必须高度重视，采取有力措施，下大力气予以解决。

二、聚焦重点、集中攻坚，全面提升“三农”工作质量水平

今年是“十四五”规划开局之年，党中央强调，脱贫攻坚取得胜利后，要全面推进乡村振兴，这是“三农”工作重心的历史性转移，是农业农村发展新的历史方位，也是做好

“三农”工作必须牢牢把握的奋斗目标。省委提出要在今年以更大力度打造乡村振兴齐鲁样板，潍坊市委把现代农业作为今年重点抓好的两大主业之一，我市也将乡村全面振兴作为年度重大突破的三大任务之一。要深入贯彻落实习近平总书记关于“三农”工作重要论述，以创新提升“三个模式”为统领，坚定不移做强现代农业这一主业，加快补齐农村发展短板，促进农业高质高效、乡村宜居宜业、农民富裕富足。重点抓好以下几项工作。

（一）着力推动现代农业高质量发展。一要在培强优势产业上集中发力。高质量推进200平方公里潍河绿色发展长廊建设，推动十万亩优质大姜、万亩高端苗木、万亩水产养殖、万亩优质土豆、万亩梨枣等10个万亩级产业转型升级、提质增效。要抓好农业重点项目建设，今年，我们初步梳理了16个总投资过亿元的农业重点项目，这是我们今年整个农业农村工作的抓手和支撑所在，必须集成资源、集中精力，全力以赴、全面发力。要加快推进总投资50亿元的菡萏小镇项目，今年完成投资8亿元，流转土地3万亩，启动实施占补平衡土地整理项目。要全面开工建设总投资10亿元的农产品加工产业园项目。总投资10亿元的农牧食品产业项目，要在一期建成的同时，启动二期建设。要抓好总投资3亿元的土壤医院项目，今年完成投资2亿元，建设科技研发实验室。总投资1.8亿元的齐鲁智农谷物流中心项目，要完成项目主体建设。要抓紧建设总投资1.4亿元的数字化高效农业示范园智慧生姜示范区和南果北种示范区，打造国际数字化未来农业典型样板。二要在培育新型经营主体上集中发力。一方面，要加大农业产业化联合体培育力度，年内打造过50亿元联合体1个，过10亿元联合体2个。另一方面，要深入开展家庭农场和农民合作社示范创建工作，新增农民专业合作社、家庭农场和智慧牧场40家。三要在发展品牌农业上集中发力。深入实施品牌强农战略，加强无公害农产品、绿色食品、有机农产品、地理标志农产品认证和管理，年内新认证“三品一标”农产品10个以上。要放大青阜农业综合体效应，新增土地流转面积1 500亩，建设完成高标准农田1 600亩，打造“青阜农业”系列农产品品牌，积极争取全国PPP项目现场会。要更高水平办好“绿博会”，持续擦亮昌邑苗木品牌。

（二）进一步夯实农业基础。一要紧抓粮食生产。始终绷紧粮食安全这根弦，深入实施藏粮于地、藏粮于技战略，确保粮食面积稳定在120万亩以上，总产量10亿斤以上。要全力遏制耕地撂荒现象，尽快复耕复种，优先用于粮食生产，扩大粮食播种面积。二要严守耕地保护红线。要抓好“大棚房”问题整治，牢记切肤之痛，深刻汲取教训，建立健全长效监管机制，坚决堵塞“大棚房”问题监管漏洞。要强化农村乱占耕地建房问题治理，针对摸排发现的问题，各镇街区和相关职能部门要按照上级要求，搞好分类处置，抓好问题整改，确保按时完成整改任务。要严格落实“田长制”，建立完善“横向到边、纵向到底”的耕地和永久基本农田保护责任网络，全力保障耕地和永久基本农田数量不减、质量不降，严防耕地“非农化”“非粮化”。要抓好全省全域土地综合整治示范镇创建工作，这是省自然资源厅确定的11项重点工作之一，自然资源和规划局、饮马镇、石埠经济发展区要合力抓好相关工作落实。三要进一步提升高标准农田建设标准和质量。按照旱涝保收、高产稳产的建设目标，压茬实施好2020年4.8万亩高标准农田建设任务，力争今年4月底竣工。要稳步实施北孟矿坑水系连通调水工程，积极涵蓄水源，切实解决南部5万亩耕地用水灌溉问题。四要着力解决好“种源”问题。切实发挥潍坊农科院现代农业科技示范园等科技平台以及润鹏种业、隆达种业等育种企业的创新主体作用，着力构建以产业为主导、企业为主体、育繁推一体化的现代种业全产业链。要依托邦普种业国家级水产遗传育种中心，加强南美白对虾种虾研究繁育，同时与广东海大生态养殖示范园协调联动，建设对虾、贝类产业“双50亿”养殖基地，实现种业突破与产业发展“双赢”。五要全力保障各类畜禽产品供给。持续提高雅拉生态食品产业园规模化、连续化生产和高端牛肉供给能力，建成投产硕昌食品产业园等项目，形成覆盖全省、辐射全国的生态食品产业集群，打造独具特色、品质高端的“肉案子”。要加快存栏1.2万头优然奶牛牧场建设，深度融入潍坊打造全国优质奶源基地大格局。要大力发展畜牧业，年内形成生猪存栏30万头、肉禽出栏8 000万只、肉类产量15万吨的规模优势。要落实好猪肉保供稳价各项措施，确保节日市场供应稳定。

（三）大力开展乡村建设行动。前期，中央和省委、潍坊市委农村工作会议相继对开展乡村建设行动进行了部署安排。今年是乡村建设行动的第一年，要按照中央和上级党委部署要求，高标准谋划、高效率开展，确保在第一年取得积极成效。规划编制方面，要坚持先规划后建设，结合县级国土空间规划编制，有序推进村庄规划编制，因地制宜确定乡村建设重点。公共服务体系建设方面，要适应农村现代化需要，全面推动农村水、电、路、气、通信、物流等基础设施提档升级，不断提升公共服务水平，促进城乡公共服务均等化。农村人居环境整治方面，要组织实施好农村人居环境整治五年提升行动，农村改厕要抓好改厕质量提升和后续管护工作；农村污水处理要按照上级要求，扎实推进；农村生活垃圾治理要加快建成投用奎聚、卜庄、石埠3个大型垃圾中转站及龙池生活垃圾焚烧发电项目，进一步提升生活垃圾转运、处理能力；完成农村清洁供暖改造3 000户以上；财政奖补500万元，年内打造10处农村人居环境整治精品片区，新增9个省乡村振兴“十百千”示范镇和示范村。要建立健全农村人居环境整治长效机制，强化群众主人翁意识，培养形成爱护环境、讲究卫生的好习惯、好风尚。省级美丽乡村示范村建设方面，要高标准抓好2020年度奎聚薛家园子村、围子仓街村、柳疃邓家庄村、石埠田家村4个省级美丽乡村示范村建设，按照既定方案，加快推进，确保6月底前完成建设任务，迎接省和潍坊市验收。美丽宜居乡村建设方面，对尚未完成迁建的21个村，要倒排工期、挂图作战，在保证质量前提下，加快工程建设，让群众早日搬入新居。特别是临近春节，要扎实做好群众安全温暖过冬工作，尤其要严防一氧化碳中毒事件发生。镇街区党政主要负责同志要利用当前这段时间遍访尚未搬迁的农户，让群众切实感受到党和政府的温暖。

（四）持续改善农村生态环境。一要推动农业绿色发展。坚持不懈推进农业面源污染治理，加快耕地土壤环境质量类别划分和安全利用，做好农业化肥减量、农膜污染防治和农药减量控害等工作，切实解决好面源污染、地力下降等问题。要大力推广应用测土配方、统防统治、绿色防控、水肥一体化等绿色生产技术，推动农业生产清洁化、废弃物资源化、产业模式生态化。二要加快推进水利工程建设。严格落实河长制、湖长制，常态化、规范化开展河湖问题整治，推动河流管护工作由突击整治向日常监管转变，打造安全流畅、管护高效、人水和谐的生态河道。要夯实农村水利基础，加快实施农村供水管网改造提升和农业水价综合改革，提升供水保障能力。要加强对饮用水、地下水、地表水的检测监管，确保饮水安全。启动丰泉水库、平原水库建设，有效涵蓄水源，解决水资源短缺问题，保障农业灌溉、居民生活、工业园区用水。三要深入实施乡村绿化攻坚行动。牢固树立“绿水青山就是金山银山”理念，扎实推进林长制落地落实，大力开展植树造林行动，年内完成造林2 100亩，新建完善农田林网1.5万亩。要全力做好潍河保护性开发工作，打造大绿化、大水面、大生态，让绿色成为农村生态环境的“底色”，成为昌邑发展的“靓色”。

（五）不断深化农村改革。要扎实推进省级农村改革试验区试验任务实施，由市委组织部、市农业农村局牵头，抓好我市承担的“探索农业资源资产化推动产业融合化深度发展新模式”“探索建立乡村治理‘三化’融合长效机制”2个试验任务实施，确保取得更大改革成效。要落实好农村承包地“三权分置”，发展多种形式适度规模经营，土地托管服务面积达到18万亩以上。要加强农村集体“三资”管理，规范村级代理记账、农村财务常态审计、财务公开工作机制，推广运营好昌邑市农村“三资”管理网络化办公监管平台。要做好土地确权扫尾工作，集中力量破解瓶颈，确保按时完成土地确权任务。要引导更多工商资本投入乡村，进一步强化人才支撑、土地供给、资金保障，持续释放农村发展活力。要深入实施村集体经济提质增效行动，深化“党支部＋合作社”模式，年内75%以上村集体经济收入稳定达到10万元以上。

（六）加强和改进乡村社会治理。一要加强农村党组织建设。持续深化“三化”融合模式，推进网格化服务管理规范化、精细化，进一步激发村级党组织组织力。要扎实开展第二轮软弱涣散村党组织集中整顿行动，建立整顿转化长效机制，推进党支部晋位升级。要强化农村带头人队伍建设，高质量抓好村“两委”换届工作，严格选人标准，拓宽选人视野，确保选出好班子、换出新气象。二要加强农村精神文明建设。深入推进农村移风易俗，充分发挥村民议事会、红白理事会作用，革除农村婚丧大操大办、高额彩礼、铺张浪费、厚葬薄养等陈规陋习，培育文明乡风、良好家风、淳朴民风。要大力开展文明村镇、文明家庭、文明信用户等创建活动，弘扬崇德向善、扶危济困、扶弱助残等传统美德，推动社会主义核心价值观融入文明公约、村规民约、家规家训。三要加强平安乡村建设。重拳打击农村黑恶势力、宗族恶势力，为实现乡村全面振兴营造良好环境。要在全市面上推广“事前听证”，稳妥化解各类群众诉求，有效减少矛盾纠纷存量、遏制增量。要完善社会治安防控体系，深化平安智慧村庄（社区）创建，提升各级综治中心建设管理水平和“雪亮工程”建设应用水平。要不断完善农村公共安全体系，压实农村安全生产、防灾减灾救灾、食品、药品、交通、消防等安全管理责任，彻底消除各类安全隐患，确保社会大局和谐稳定。

（七）扎实做好巩固拓展脱贫攻坚成果同乡村振兴的有效衔接。脱贫摘帽不是终点，而是新生活、新奋斗的起点。巩固脱贫攻坚成果绝非易事，决不可掉以轻心。从我市情况看，全市脱贫人口中因病因残致贫人口占比达到76%，这些人群主要依靠政策兜底保障，自主脱贫能力较弱，稍微遇到风险变故，就可能重新返贫。要严格执行5年过渡期，按照摘帽不摘责任、不摘政策、不摘帮扶、不摘监管“四个不摘”要求，做到工作不留空档、政策不留空白，坚决巩固住、拓展好脱贫攻坚成果。要健全防止返贫动态监测和帮扶机制，重点监测易返贫致贫人口收入水平变化和“两不愁三保障”巩固情况，做到早发现、早干预、早帮扶。要加强扶贫专项资金管理和产业扶贫项目监管，确保资产安全、正常运营、收益稳定。近期，省里将出台办法，把巩固拓展脱贫攻坚成果纳入乡村振兴考核，市扶贫开发办等相关部门要搞好对接、认真研究，准确把握考核重点，有针对性地抓好工作落实。

三、加强领导、健全机制，全力推动“三农”工作各项任务落地落实

全面推进乡村振兴，必须健全党领导农村工作的组织体系、制度体系、工作机制，提高新时代党全面领导农村工作的能力和水平。

（一）健全责任落实机制。前段时期党中央印发了《中国共产党农村工作条例》，其中很重要的一条就是五级书记抓乡村振兴。各镇街区是实施乡村振兴战略的“主战场”，党（工）委书记要把主要精力放在“三农”工作上，亲自研究部署、亲自推动落实，把每一项工作任务研究透、抓到底。市委农办要充分发挥牵头抓总、统筹协调作用，完善议事协调等工作机制。市直有关部门单位要立足自身职能，找准服务“三农”的切入点，勇于担责、敢于负责、履职尽责，确保各项工作取得实效。

（二）健全工作推进机制。农业农村工作千差万别，绝不能一个方子下药。要增强系统观念，注重整体设计，结合实际情况，做到分类规划、分类施策、分类推进。要注重典型引领，比如，柳疃镇、饮马镇 2 个潍坊市级齐鲁样板示范区，必须集聚资源、重点打造，全力争创省级齐鲁样板示范区。要改进乡村振兴考核评价办法，镇街区之间、部门之间，要突出差异化考核，用好考核成果，激励各级各部门担当作为、奋勇争先。

（三）健全关怀激励机制。全面实施乡村振兴战略，其深度、广度、难度都不亚于脱贫攻坚，必须建设一支政治过硬、素质过硬、作风过硬的“三农”干部队伍。要关心厚爱“三农”干部，尤其是一线的同志，尽可能地在工资待遇、社会保障、晋职晋级等方面，厚爱三分、同等优先。要进一步减轻基层负担，使他们安心扎根基层、服务基层、奉献基层。广大镇村基层干部要提升素质能力、改进工作作风，进一步增进对农村实际情况的了解，多到田间地头走走，多到农民家里坐坐，切实弄清楚农业农村的新变化、新需求，努力成为从实际出发全面推进乡村振兴的行家里手。要广泛依靠农民、教育引导农民、组织

带动农民，激发广大农民群众积极性、主动性、创造性，投身乡村振兴，建设美好家园。

同志们，做好今年“三农”工作意义重大、任务艰巨。让我们更加紧密地团结在以习近平同志为核心的党中央周围，认真贯彻落实中央决策和上级党委、市委部署，锐意进取、开拓创新、真抓实干，奋力开创“三农”工作新局面，以优异成绩迎接建党100周年，为“十四五”良好开局、全面建设社会主义现代化国家新征程顺利开启作出应有贡献！

上部　实践篇

农业农村工作的基本情况和乡村振兴工作规划

十九大以来，昌邑市坚持农业农村优先发展的总方针，以创新提升乡村振兴的“三个模式”为统领，围绕重点指标、重点工作、重点项目，强基础、优服务、提品质，各项工作迈出新步伐、取得新进展，全市农业农村工作再上新台阶，乡村振兴成果丰硕。

一、基本成就

（一）夯实农业基础，落实强农惠农政策。一是开展和落实“支持耕地地力保护补贴”，共核定小麦种植面积 64.86 万亩，落实补贴资金 8 943 万元。二是组织开展了昌邑市 2020 年耕地轮作休耕制度试点工作，推广玉米、大豆轮作模式，完成大豆种植任务 13 984 万亩，落实补贴资金 209.76 万元。三是开展了小麦、玉米、棉花、花生、大豆、生姜、马铃薯、温室大棚等 8 个险种的政策性农业保险工作。共承保面积 85.56 万亩，保费总收入 1 731.69 万元，其中财政补贴 1 377.84 万元。目前小麦理赔已结束，共理赔 806.14 万元，其他险种正在理赔。

稳定增加粮食播种面积，提高粮食产量，2020 年粮食播种总面积 124.87 万亩，总产量 52.56 万吨。

实施土壤改良工程，大力推广秸秆还田、深耕深松、增施有机肥等技术，每年秸秆还田 120 万亩左右，深耕深松 10 万亩以上，施用有机肥 20 万亩以上，显著改善了土壤理化性状，提高了土壤有机质含量，提升了耕地质量。目前全市每年可收集秸秆 79.14 万吨，利用秸秆 73.28 万吨，秸秆综合利用率达到 92.6%。测土配方施肥技术推广面积达 145 万亩，技术覆盖率达 95%。充分利用多种媒体，广泛宣传水肥一体化“四省二提一增”（省水、省肥、省药、省工、提高产量、提高品质、增加收入）的效果及典型经验，2020 年推广水肥一体化技术应用面积 2.1 万亩，亩均节肥约 30%。截至目前，全市水肥一体化技术应用面积累计达 8.9 万亩。

高标准农田建设。完成高标准农田建设4.2万亩，在建高标准农田建设项目4.8万亩。已完成的4.2万亩高标准农田，包括高效节水灌溉2.8万亩。建设分“两河开发”和“沿海开发”两个区域。一是围子和北孟项目所处的“两河开发”区域。在工程设计上，根据方田网格化布局和建设高标准节水灌溉工程的原则，沟渠路桥涵闸全面配套，建设高标准的井灌区。二是下营和柳疃项目所处的“沿海开发”区域。该区域灌溉方式的选择主要以地表水灌溉为主，采用“扬水站＋管道＋蓄水塘坝＋小型泵站＋低压管道系统”，提高灌溉自动化水平，提高灌溉效率。

推进粮食绿色高产工作，通过集成推广高产高效、资源节约、环境友好的技术模式，促进生产与生态协调发展，持续保持粮食和农业发展的良好势头，主要推广了以下集成技术。小麦：推广水肥一体化、小麦氮肥后移高产栽培、小麦规范化播种、测土配方施肥、秸秆还田、规范化和半精量播种、防病治虫、应用农业信息等技术。玉米：重点推广玉米“一增四改”、水肥一体化、测土配方施肥、适时晚收、秸秆还田、单粒精量播种、防病治虫、应用农业信息等技术。

推进农业标准化建设，确保农产品质量安全。一是健全完善农业标准化生产体系，组织人员制定并印发了《昌邑市大姜标准化生产技术规程》《昌邑市马铃薯标准化生产技术规程》和《昌邑农产品生产技术规程》等50多种农作物标准化生产技术规程。并组织广大农技人员利用开办田间学校、举行培训班、发放明白纸等多种形式普及标准化生产技术。2017年、2018年、2019年全市蔬菜水果等农产品标准化生产程度分别达到76%、78%、80%。二是建设高标准示范园区（生产基地）。近年来，先后筛选出了山东宏大生姜市场有限公司生产基地、山东琨福农业科技有限公司生产基地、青山庄园家庭农场生产基地等11家农业标准化生产基地进行重点打造，帮助各个基地制定标准化种植规程、产地准出、质量追溯等各种制度。积极推荐符合条件的山东宏大生姜市场有限公司、昌邑琨福农业发展科技有限公司、青山庄园家庭农场和昌邑市赋裕兴蔬菜种植专业合作社等7家生产基地成功申报山东省级农业标准化生产基地。三是积极开展“三品一标”农产品认证工作。印发了《昌邑市农业局关于农产品“三品一标”认证工作的意见》以及全市三品一标认证工作的通报等，做好品牌“包装”文章。按照延伸链条、丰富内涵、上档升级的发展思路，加快培育农业产业品牌，形成规模集群效应。昌邑大姜常年种植面积近10万亩，总产量35万吨，生产标准化程度达到80%以上，总产值达20亿元，生姜种植区被认定为国家首批特色农产品优势区，“昌邑大姜”获评中国驰名商标。为了进一步发挥品牌优势，以大姜产业为主线建设省级现代农业产业园，通过采取“互联网 + 农业 + 金融”模式，构建一条由“生产—加工—销售—科技研发—技术推广—金融资本助力”相联接的产业发展链条，推动生姜产业升级发展。大陆梨枣从 1 万亩发展到 2 万亩，储藏从 1 000 吨发展到 5 000 吨，电商销售从 10.55 吨发展到 100 吨以上。目前经济效益达 20 000 万元。积极开展“三品一标”农产品认证工作。筛选了昌邑市沙窝家庭农场、昌邑市北孟镇孟南山蔬菜种植合作社、昌邑市立宗蔬菜合作社等作为 2020 年“三品一标”认证主体，目前，有效期内“三品一标”农产品个数达到 115 个。

培育优势特色产业，加快现代产业园区建设。一是以实施饮马镇农业产业强镇示范建设项目为契机，加快国家级产业强镇创建，打造小麦育种、种植、存储、加工“四大板块”，在延伸小麦产业链中加快粮食产业发展。二是以实施绿色循环优质高效特色农业促进项目为契机，加快生姜产业发展，培育生姜产业发展成为百亿级产业融合发展集群。三是产业强镇申报。柳疃、卜庄、下营三镇入选 2020 年省级农业产业强镇。四是加快现代产业园区建设。目前面积 200 亩以上农业产业园 18 个，200 亩以上的现代农业产业园 18 个，其中省级 1 个，潍坊市级 2 个。产业园占地面积共 10.27 万亩，其中 1 万亩以上的 2 个，5 000 亩到 1 万亩的 2 个，1 000 亩到 5 000 亩的 9 个，1 000 亩以下的 5 个。产业园区建设投入以社会资本为主，社会资本投入占总投入的 83% 以上。

（二）创新农业发展方式，培育新型农业经营主体，推行农业企业化管理，积极培育农业产业化重点龙头企业。培育潍坊市级以上农业产业化重点龙头企业 67 家，其中国家级 1 家，省级 5 家，潍坊市级 61 家，大大提高了农业专业化、集约化发展水平。开展新型职业农民培训，培育 1 147 人。

培育壮大农业龙头企业。一是组织农业龙头企业监测、申报。组织完成了省级以上农业产业化重点龙头企业监测、申报工作，新申报省级农业产业化重点龙头企业 1 家；培育产值过 10 亿元的全产业链一体化农业龙头企业 2 家。二是培育农业产业化联合体。新培育农业产业化联合体 1 家，总数达到 9 家。其中产值过 50 亿元的农业产业化联合体 2 家，省级农业产业化示范联合体 2 家。三是加快乡土产业名品村培育。完成国家级一村一品示范村监测；完成省级乡土产业名品村推荐上报工作，共推荐上报 7 个村申报省级乡土产业名品村。2020 年，市级以上农业龙头企业主营业务收入 197.97 亿元，同比增长 9.7%；网络交易额 23.08 亿元，同比增长 10.43%。

（三）发展互联网农业。一是在市镇两级农技人员中推广使用中国农技推广手机 APP，安装使用率达 100%，每人每月填报有效信息 2 条以上。利用手机 APP 等现代化信息推广服务手段，及时回答群众技术需求，快速有效解决农技推广一公里难的问题。二是全面推进信息进村入户工程。按照“六有”标准要求，即有场所、有人员、有设备、有宽带、有网页和有持续运营能力，在全市开展益农信息社建设，实现广大农民群众享受公益服务、便民服务、电子商务和培训体验服务不出村，有效解决信息进村入户最后一公里难题。

（四）打造昌邑农业品牌。立足昌邑优势产业，努力做好农业品牌的培育和保护工作。一是组织申报了山东省第四批知名农产品企业产品品牌和第二批潍坊知名农产品企业产品品牌。共获省级知名农产品品牌、市级知名农产品品牌 3 个，2020 年申报省级知名农产品品牌 1 个、申报市级知名农产品品牌 4 个、申报智慧农场企业 1 家，引领企业 2 家。二是通过参加第十七届中国国际农产品交易会、第二十届中国绿色食品博览会、第十三届中国国际有机食品博览会、2019 年暨“乡村振兴 · 齐鲁样板”高峰论坛以及在北京召开的潍坊市农产品品牌推介会等展会，做好昌邑大姜区域公用品牌的宣传推广工作。

另外，分别在饮马镇和北孟镇实施了葡萄和苹果标准示范园建设项目。共建设 120 亩葡萄标准示范园和 100 亩苹果标准化示范园。标准园项目的实施，对加快推进我市葡萄产业、苹果产业的优化升级，全面提升产业综合生产能力，切实增加果农收入起到重要引领示范作用。同时为昌邑葡萄产业、苹果产业的标准化、产业化和可持续发展积累了经验，提供了样板。

（五）提高农业产业化水平。围绕我市优势产业——大姜产业，组织实施了 2018 年昌邑市现代农业产业园项目、2018 年昌邑市绿色循环优质高效特色农业促进项目。2018 年昌邑市现代农业产业园项目总投资 341.6 万元，其中市级财政资金 200 万元；2018 年昌邑市绿色循环优质高效特色农业促进项目总投资 4 104.2 万元，其中中央财政资金 2 200 万元。通过项目实施，进一步实现了我市生姜农业产业化经营，促进了生姜绿色循环高效生产，提升了“昌邑大姜”品牌效应，推动了生姜产业融合发展。依托小麦产业，在我市小麦主产区——饮马镇组织实施了 2018 年昌邑市饮马镇农业产业强镇示范建设项目，项目总投资 1 695.67 万元，其中中央财政资金 1 100 万元。通过项目实施，进一步调整优化了农业产业结构，推动了小麦加工业升级，加快了小麦产业融合发展，健全完善小麦的产业链、就业链、价值链，提高了我市小麦产业的综合竞争力和效益，并辐射带动了周边小麦产业的发展。立足苗木产业，以打造区域现代化苗木产业样板为目标，以促进生产要素聚集、产业技术带动为引领，结合我市苗木产业功能定位和总体布局，申请创建了昌邑市现代苗木产业园。立足种业产业，以全面优化提升种业产业竞争力为主线，以科技创新为动力，为发展科学育种育苗，实现种业培育生产集约化，打造高质高效生态种业示范园区，申请创建了昌邑市现代种业产业园。

围绕优势特色产业，大力推行“公司＋基地＋农户”“市场＋农户”“专业合作社＋农户”等产业化经营模式，全力提升农业产业化经营水平。培育了一批带动力强的大型农业龙头企业，发展了一批辐射面广的中小型龙头企业，不断壮大农业企业群体。目前，培育农业产业联合体 9 家；省级农业新六产示范主体 3 家；省级农产品加工示范企业 3 家；省级“隐形冠军”企业 1 家，市级“隐形冠军”企业 2 家；市级“专精特新”中小企业 2 家。市级以上农业产业化重点龙头企业发展到 67 家，其中国家级 1 家，省级 5 家，潍坊市级 61 家；2019 年主营业务收入 180 亿元，带动 25 万余农户创收，通过发挥龙头企业带动作用，不断提升我市农业产业化水平，推动我市农业向专业化、集约化发展。

（六）拓展农业发展空间，加快推动农业区域跨界联合，积极拓展农业发展空间。一是走出去学习先进地区和国家的技术和理念。组织相关企业、农业示范园区负责人到荷兰、以色列、韩国和日本等国家考察学习发展现代农业的技术和观念。二是加快农产品走出去的步伐。组织 30 多家名优农产品企业参加“中日韩博览会”、昆明“国际农产品交易会”，在北京召开的潍坊市农产品品牌推介会，在南昌召开的第十七届中国国际农产品交易会等大型展会，将本土农产品推向国际市场。三是加快培育出口型农业龙头企业。加大对山东硕昌农牧有限公司、潍坊丸和食品有限公司和山东智峰食品等重点农业出口企业支持力度，推动农产品龙头企业重组整合和外向型改造，培育具有国际竞争力的现代农业企业，增强出口农产品的竞争力。四是重视人才引进工作。帮助山东和田旺生物科技有限公司引进韩国金利烨博士开展工作，并参加了潍坊市创新创业大赛获“现代高效农业”领域一等奖。加强与中国农业大学、中国农科院、山东农业大学等涉农院校的合作，引进省级、国家级人才，加强人才的交流与合作。

抓好休闲农业管理。2017 年石埠青山庄园红岫家庭农场成功申报山东省生态休闲农业示范园区。2020 年 1 月 22 日，昌邑市鼎立薄壳核桃种植专业合作社被评定为山东省休闲农业精品园区（农庄）。2020 年 9 月 28 日，我市山东青阜农业公社、潍水田园综合体、青山秀水旅游度假区和梨花水镇（一期）被纳入潍坊市第二批都市休闲农业项目名录。2020 年 11 月 27 日，我市卜庄镇大陆村被认定为山东省休闲农业示范村。2020 年 12 月 25 日，柳疃镇青阜村被认定为市级美丽休闲乡村。

（七）加快建设省级农村改革试验区。2020 年 6 月 19 日，昌邑市被列入第一批省级农村改革试验区名单，承担探索农业资源资产化推动产业融合化深度发展新模式和探索建立乡村治理“三化”融合长效机制 2 个试验任务，试验周期 3 年。其中，探索农业资源资产化推动产业融合化深度发展新模式试验项目主要是在国家法规政策框架内，着眼于解决制约农业农村发展的深层次矛盾，坚持问题导向，突出制度创新，以挖掘利用农业资源为基础，推动农业资源变资产，资金变股金，农民变股东，发展多种形式股份合作。以建设现代农业产业研发中心为突破口，聚集资本、人才、政策等优势，推动产业融合与农户利益联结相互发展，着力在资源、资产和产业发展等重点问题和关键环节上实现新发展。探索建立“三化”融合长效机制试验项目，主要是以习近平新时代中国特色社会主义思想为指导，坚持党的领导，突出问题和实效导向，构建村级党员管理“项目化”、群众管理“网格化”、各类组织管理“功能化”“三化”融合模式长效机制，着力解决村级事务运行中的突出问题，努力形成以村级党组织为核心、各类组织为支撑，党员群众广泛参与、充满生机活力的村级治理格局，进一步巩固村级党组织的领导核心地位，健全自治、法治、德治相结合的乡村治理体系，为推动乡村振兴战略实施提供坚强组织保证。

目前，探索农业资源资产化推动产业融合化深度发展新模式试验项目方面，昌邑市三农创新发展集团有限公司已挂牌成立，潍水农业公园项目已经聘请第三方完成潍水农业公园可行性研究报告工作，正在聘请第三方进行规划设计，并与山东土地发展集团潍坊分公司对接，已落户山东土地昌邑数字农业产业园项目和山东土地土壤治理技术工程有限公司（土壤医院）昌邑基地项目。

探索建立“三化”融合长效机制试验项目方面，一是下发《关于探索构建“三化”融合模式提升村级党组织组织力的意见》。二是组织各村召开会议，由党员认领项目，形成认领项目清单。三是目前已举办百家讲坛 7 期，对全市村干部、农村党员进行授课，进一步提升能力素质。四是召开全市村党组织书记座谈会，破解农村发展堵点、难点。

（八）鼓励引导城市工商资本下乡。一是加强城市工商资本下乡项目调度。积极开展城市工商资本下乡调研，科学制定了城市工商资本下乡行动计划，建立了城市工商资本下乡季报制度。我市共引进城市工商资本下乡项目 21 个，其中 2020 年新增 8 个。总投资额 60.54 亿元，当年 1 至 3 季度完成投资 9.83 亿元，累计完成投资 25.57 亿元，流转土地 2.63 万亩，辐射带动农户 1.83 万户。二是扎实推进农村创业创新。通过抓政策、育主体、建机制、搭平台、搞服务，为农村双创创造了良好的环境。积极组织新型经营主体参加第三届山东省农村创业创新项目大赛；为昌邑新好牧业争取城市工商资本下乡项目奖励资金 106 万元。

（九）做好环境“优化”文章，全力打造宜居宜业乡村。顺应广大农民对美好生活的向往和期待，突出地域特色、文化特色、生态特色，加快建设美丽宜居新家园。坚持外提“颜值”与内修“气质”相结合，培育文明乡风、良好家风、淳朴民风，焕发乡村文明新气象。大力实施农村人居环境整治。坚持问题导向，开展红黄白三色督查令，每周每个镇街随机督查两个村，即查即改，打分排名通报。全市出动机械 1.3 万余台次，发动农民群众投工投劳 18.9 万余人次、共清理农村生活垃圾 4.9 万多吨、清理湾塘 988 个、清理村内沟渠 3 140 公里、清理畜禽养殖粪污等农业生产废弃物 1.2 万余吨、开展进村入户宣传教育 2 500 多场次、发放宣传资料 22 万余份、张贴宣传标语 8 200 余条、财政专项用于农村人居环境整治资金 16.9 亿元、社会力量投入村庄清洁行动资金 9 500 余万元，持续改善农村环境卫生。加大绿色农业生产防控力度。2020 年，完成测土配方施肥技术推广 75 万亩，新增水肥一体化应用 2.1 万亩。采购草地贪夜蛾诱捕器 100 套，为监测草地贪夜蛾发生提供了支撑。实施了小麦病虫害防治、草地贪夜蛾防治、蝗虫防治项目。

二、工作规划

推进城乡融合发展，全面实现乡村振兴。优先发展农业农村，着力解决好“三农”问题，强化以工补农、以城带乡，推动形成工农互促、城乡互补、协调发展、共同繁荣的新型工农城乡关系，全面实现乡村振兴。

（一）加快现代农业转型升级，构建地域特色现代农业发展格局。重点建设“一带三区五 大基地三十个园区”，打造沿潍河高效农业聚集带，北部建立水产品养殖优势产业带，中部建立高效蔬菜规模种植区，南部和东部建立高产粮食规模种植区，发展以优质专

用麦为重点的 商品粮生产基地，以大姜、土豆为重点的绿色蔬菜生产基地，以山阳大梨、大陆梨枣为重点的特色果品生产基地，以生猪、家禽为重点的畜产品生产基地，以海水池塘养殖为重点的水产 品生产基地，建成粮食、蔬菜、果品、畜牧、渔业“五大产业”齐头并进的现代农业新高地。丰富乡村经济业态，抓好潍水农业公园项目建设，促进粮经饲统筹、农林牧渔结合、种养加一体、“新六产”融合，培育发展都市休闲农业和乡村旅游新业 态，打造省级乡村振兴齐鲁样板示范区。更高水平办好绿博会。 加强高标准基本农田建设与保护。坚守粮食安全底线，严 格耕地保护，深入实施藏粮于地、藏粮于技战略，强化种质资源保护和利用，保障粮食安全。以现有高标准基本农田示范区 为依托，坚守耕地和永久基本农田保护红线，严格秉持因地制 宜、注重生态安全原则，构建数量、质量、生态“三位一体”保护格局，落实以数量为基础、产能为核心的占补新机制，综 合考虑各镇街区农业条件，优化现有土地利用结构和布局，以 粮食主产区为枢纽，继续加强中低产田改造力度，实施土壤改 良工程，完善农田水利灌溉体系，稳步提高土地利用率和农业综合生产能力，建设成集中连片、设施配套、高产稳产、生态良好的高标准基本农田。 推进昌邑农业品牌建设。实施名优特农产品品牌引领工 程，以创建昌邑农业品牌为着力点，发挥地方优势和地域特色，强化质量品牌引领，实施“质量兴农、品牌强农”战略。推进优质粮基地建设，加快繁育和推广昌邑特色的高产、优质、抗 病、抗倒、抗逆性强品种。推进昌邑市蔬菜规模化种植、品牌 化销售、产业化经营，加快推进以大姜、土豆为重点的绿色蔬 菜生产基地，促进昌邑大姜品牌化发展，以产品高端化为重点，推动苗木产业“五化”发展，进一步提升“昌邑苗木”品牌价 值。建设区域特色显著的山阳大梨、大陆梨枣、鼎立核桃、永 安大棚葡萄、奎聚山楂等特色果品基地。创建畜牧区域公用品牌和商业名牌，培育和提升肉鸡、肉鸭、生猪、奶牛等畜牧产 业化生产集群，以雅拉、硕昌、新好牧业等龙头企业带动昌邑畜牧业发展。大力发展水产健康养殖，建设以海水池塘养殖为重点的水产品生产基地、广东海大集团“渔光一体”生态养殖区，利用现代养殖示范产业园排放尾水，养殖贝类、车虾、沙蚕、海参等，实现工厂化和生态养殖水体循环利用，打造昌邑“海上粮仓”。 探索智慧农业发展。推进农业与物联网、大数据等技术集成对接，发展昌邑“智慧农业”，强化农业生产绿色导向、标准引领和质量安全监管，加快土壤医院以及数字农业示范园等 农业科技项目落地。高水平运营潍坊农科院现代农业科技示范园，加快农业科技成果转化。重点围绕设施果蔬、畜禽、渔业等高附加值优势产业，新开发农业标准化生产技术查询系统、农业投入品准入系统、农业专家移动信息服务平台等软件系统。抓好信息化示范带动工程，建设信息化现代农业示范园区，实施“智慧农业”生产模式试点，探索适合不同种类农产品、不同类型农业生产经营主体的农业物联网应用模式，实现农业 智能化。提高农业良种化水平，高水平建设运营邦普遗传育种、广东海大生态养殖示范园等重点项目，构建产学研相结合、育繁推一体化的现代种业体系。 培育农业社会化服务组织。加快专业服务公司、供销合作社专业服务组织、服务型农民合作社、农村集体经济组织等服务主体发展，支持各类服务主体与新型农业经营主体开展多种形式合作，充分发挥不同服务主体和成员、对接市场的纽带作用，引导龙头企业通过基地建设和订单方式为农户提供全程服务，积极扩大土地托管服务面积。保障重要农产品供给安全，提升收储调控能力。健全动物防疫和农作物病虫害防治体系。 拓展农业增值空间，促进农民持续增收。开展粮食节约行动。

（二）提升乡村建设水平，推动数字乡村建设。统筹发展数字乡村与智慧昌邑，鼓励梨花水镇等有条件的小城镇规划先行，加快丝绸古道文化小镇、潍水农业公园、红色文旅小镇等片区建设，因地制宜发展“互联网 + 旅游”“互联网 + 特色农产品”“互联网 + 文化”特色主导产业。分类推进数字乡村建设，引导集聚提升类村庄全面深化网络信息技术应用，培育乡村新业态；引导姜泊村、齐西村等历史文化名村和传统村落发掘独特历史文化资源，建设互联网特色乡村。依托国家数据共享交换平台体系，推进各部门和山东、潍坊、昌邑涉农政务信息资源共享开放、有效整合，统筹整合乡村已有信息服务站点资源，推广一站多用。 完善乡村公共服务体系。统筹城镇和村庄规划建设，保护传统村落和乡村风貌，将镇街区建成服务农民的区域中心。完善乡村水、电、路、气、通信、广播电视、物流等基础设施，引导公共教育、医疗卫生等资源向农村倾斜，提升农房建设质量。制订实施城乡统一的基本公共服务设施配置和建设标准，加快公共服务设施向农村覆盖，推进城乡基本公共服务均等化，完善城乡劳动者平等就业制度，维护农民工合法权益，完善农村金融服务，构建农村现代流通体系，积极引导工商资本到农村发展，促进城乡要素平等交换、自由流动、合理配置，因地制宜推进村镇老旧小区、棚户区、城中村改造。 推进生态乡村建设。深化农村人居环境整治，完善美丽乡村建设规划，高标准做好“美丽乡村”“美丽宜居村庄”，打造昌邑特色乡村风貌，强化农村人居环境保障。推进农业绿色发展，强化农业资源保护与节约利用，深入推进农业清洁生产。 加强生态保护和修复，以打造“中国北方绿都”为目标，大力实施国土绿化工程，加大对北部沿海滩涂与青山、博陆山采石矿区等生态造林修复力度。推动实现生态资源价值，实施生态移民、异地开发等生态补偿方式，增加生态产品和服务供给，发挥自然资源多重效益。因地制宜推进农村厕所革命、生活垃圾处理和污水治理，实施河湖水系综合整治，改善农村人居环境，打造美丽宜居乡村。营造乡村文化新氛围。持续推进移风易俗，网格化布局新时代文明实践中心建设，全面提升农民文明素养，倡导树立乡村文明新风。强化乡村公共文化服务，完善公共文化设施网络建设，加强公共文化服务体系建设，抓好基础设施配套和提高公共文化服务效能，广泛开展文化惠民活动，突出数字文化建设，使公共文化服务更好惠及群众，培育壮大乡村文化队伍。弘扬乡村优秀传统文化，建设乡村儒学讲堂，激活传统民俗文化，传承发展红色文化，提高农民科技文化素质。强化农村党组织建设。加强村级组织配套建设，强化农村基层党组织领导核心地位，不断加强基层党员队伍建设，提升农村基层党组织服务能力，深入推进基层党组织制度和作风建设，落实督导考核。完善乡村自治体系，发展农业合作社等各类农村合作组织。健全乡村法制体系，深入开展农村“以案释法”法治宣传教育，增强基层依法办事能力。

（三）增强农村发展活力，推动乡村人才振兴。大力实施乡土人才培育工程、海外侨胞“助乡工程”、乡村高端人才“引领工程”、乡村青年人才“储备工程”。优化乡村人才发展环境，探索建立多渠道促进农民转移就业机制，创建以平台建设为主体的人才创业载体建设机制，改善乡村营商环境。积极培训农业干部人才，大力培育新型职业农民，加强与潍坊市农业农村局、潍坊普创职业技能培训中心、潍坊职业农民学院、潍坊市农科院等部门机构培训合作，鼓励农民接受中高等职业教育，推动乡村人才振兴。全面繁荣乡村产业。健全城乡融合发展机制，推动城乡要素平等交换、双向流动，增强农业农村发展活力。提高农业农村综合生产能力，积极建设粮食绿色高质高效创建平台，扎实推进粮食作物生产全程机械化，加快畜禽养殖业集约化转型，加快推进海洋牧场建设，重点突出特色经济林与苗木产业优势地位。加快发展农业“新六产”，加快创建利益共享共同体、产业发展融合体，推动产业跨界融合，打造地域特色田园综合体。培育发展农业保险，健全农村金融服务体系。深化农村资源要素改革。探索宅基地所有权、资格权、使用权分置，保障进城落户农民土地承包权、宅基地使用权、集体收益分配权，鼓励依法自愿有偿转让。落实第二轮土地承包到期后再延长三十年政策，加快培育农民合作社、家庭农场等新型农业经营主体，健全农业专业化社会化服务体系，发展多种形式适度规模经营，实现小农户和现代农业有机衔接。积极探索推行实施农村集体经营性建设用地入市制度。深化农村集体产权制度改革，发展新型农村集体经济。加快农业园区化生产经营。坚持“科技先导、创新思路、可持续发展”原则，以南部、中部、北部资源布局为基础，加快特色化农业基地建设，完善基础设施条件，推动土地集中整理，发挥农业产业化龙头企业带动作用，大力发展粮食、蔬菜、林果、畜牧、渔业“五大产业”，做大做强优势特色主导产业，形成龙头企业、种植基地、专业合作组织以及农户间多方位合作的经营模式，健全联农带农有效激励机制，加强人才建设、健全管理工作机制，推动以梨花水镇、大姜小镇、潍水田园综合体、花木城“六新”综合体等为载体的高标准高起点优势农业产业园区建设。

（四）巩固拓展脱贫攻坚成果。严格落实摘帽不摘责任、摘帽不摘政策、摘帽不摘帮扶、摘帽不摘监管“四个不摘”要求，加大产业扶贫、就业扶贫、消费扶贫、健康扶贫、保障性扶贫等方面的政策支持力度，保持现有帮扶政策、资金支持、帮扶力量总体稳定，完善社会力量参与帮扶机制，重点关注农村低收入群体，接续推进脱贫地区发展。健全防止返贫监测和帮扶机制，加强扶贫项目资金资产管理和监督，深入开展动态监测和精准帮扶，强化扶贫项目资金资产监管，激发低收入人口内生发展动力，持续发展壮大扶贫产业，推动特色产业可持续发展，巩固脱贫成果，提高扶贫人口参与度和直接受益水平。实现拓展脱贫攻坚成果同乡村振兴有效衔接。健全完善消除相对贫困的体制机制，健全农民工资性、经营性、财产性、转移性收入增长机制，建立普惠性农民补贴长效机制，有效拓展农民就业创业增收空间。健全农村社会保障和救助制度，关注老弱病残等重点群体，做好贫困人口稳岗就业，规范管理公益岗位，推进低保制度城乡统筹，确保动态管理下应保尽保，兜住民生底线。全面实施特困人员救助供养制度，提高托底保 障能力和服务质量。全面落实上级下达的支持乡村振兴重点帮扶县发展任务，做好东西部协作和对口支援。

乡村文化振兴现状及规划

近年来，昌邑市文化和旅游局以满足群众文化需求为导向，大力推进乡村振兴战略实施，不断提高公共文化服务能力，重点推进村（社区）基层综合性文化服务中心建设和文旅融合产业发展，乡村文化遗产保护传承和基层文化建设工作成效显著，形成“昌邑模式”。

一、主要做法与成效

（一）农村公共文化服务体系不断完善。一是基层综合性文化服务中心不断提升。2018 年财政拨款 153 万元，为 28 个村（社区）基层综合性文化服务中心更新图书 4.4 万册，并配备了书架、电脑、音响、扫描仪等设施设备。连续开展农家书屋图书更新工程，2018 年财政拨款 53 万元，为 120 个农家书屋更新图书 3.02 万册，配备书架 120 组。二是基层公共文化服务开展扎实有效。依托各级图书馆、农家书屋组织开展阅读讲演、读书征文等系列阅读活动，每年参与群众 5 万余人次，柳疃镇荣获山东省“书香之乡”荣誉称号。创新开展有线电视户户通文化扶贫工作，使 3 000 多贫困户免费看上了有线电视，并以此为契机开展违法安装“卫星锅”清理拆除工作，实现了文化扶贫和执法清理的双赢。广播电视村村通实现了全覆盖，农村公益电影放映工程每年放映 6 500 余场次，实现了“每村每月一场电影”，并探索创新了“公益电影放映 + 流动书屋”模式，优化了资源配置，实现了书影共享。

（二）农村群众文化活动丰富多彩。一是积极搭建群文活动载体。近年来，全市各级以春节、元宵节、国庆节等重大节日为契机，积极组织开展多层次、多形式的群众文化活动，以市民文化节、春节民间文艺展演、广场舞大赛、戏曲票友大赛、秧歌大赛等文化活动为载体，每年都举办各类大型文化活动 100 余场次，参与的群众及演员超过 20 万人次，极大丰富了农村群众的精神文化生活。二是认真组织开展文化下乡活动。每年送戏下乡

650 余场，送图书 10 万余册，文艺辅导 1 500 余人次。

（三）乡村文化人才培育不断加强。抓实“十百千”文化人才培训工程。依托文化馆基层服务点、基层综合性文化服务中心活动室等文化设施，下沉文化培训力量，由市文化馆专业演员和部分文化志愿者组成文化志愿服务小分队，开展“潍水文化志愿行活动”，将美术、摄影、广场舞、戏曲、二胡辅导培训送到乡村百姓身边。丰富了广大乡村文艺爱好者的艺术知识与技能，提升了乡村群众的审美水平，为乡村文化振兴和脱贫攻坚提供了强大的精神动力。

（四）乡村文化遗产保护工作成效明显。一是非遗保护工作扎实推进。开展了“走昌邑·访非遗”非遗摄影大赛，非遗保护工作跻身潍坊各县市区前列。2019 年春节期间，中央电视台两次报道了昌邑非遗传承和乡村文化活动开展情况，极大地扩大了昌邑知名度和影响力。“柳疃丝绸技艺”入选第一批山东省传统工艺振兴目录，传承人魏耀琳被评为山东省十大非遗模范传承人，龙池镇龙池小学入选潍坊市非遗校园教育传承实践基地。二是乡村文化传承工程成果丰硕。启动了村村编修村志工程，目前，已有 340 余个村庄编制完成。积极建设村史馆、文化展馆等历史文化展示点，传承优秀文化，留存乡村记忆。其中，李福泽事迹陈列馆、峻青文学艺术馆、火道知青馆、陈干事迹陈列馆、昌邑县委旧址、红色马渠村史馆等成为新兴的乡村旅游点，每年吸引 20 余万人次前来参观。龙池镇入选“2018 中国乡村振兴先锋十大榜样”，龙池镇齐西村获评中国历史文化名村，卜庄镇夏店街村、姜泊村获评中国传统村落。市文化局申报的《“三位一体”乡村文化传统激活与传承创新实践》获评第三届山东省文化创新奖并作典型发言，为第三届山东省文化创新奖成果推广应用会提供观摩现场。三是文博考古工作成效斐然。建成山东省第一个乡镇碑林——柳疃碑林。启动乡邦文物征集工作，目前已征集各类文物 300 余件，各类老照片 1 000 余件，成果丰硕。

（五）文旅融合，乡村文化产业大幅提升。一是实施“文化 +”计划，促进文化创意设计和服务与桑葚、山阳大梨、梨枣等特色农业相融合，促进农村一二三产业融合发展，形成了创意农业、观光农业、品牌农业，实现了传统农业向现代农业转型与升级。吸引省外资金 30 亿元投资开发建设梨花水镇，潍水田园综合体建设进展顺利，这两个项目入选山东首批乡村振兴重大项目库。二是文旅融合发展态势良好。饮马梨花水镇、柳疃丝绸小镇和卜庄历史文化小镇等特色文化小镇建设步伐加快，利用品牌效应，助力乡村文化振兴。启动了文山潍水文化旅游系列活动，潍河七十公里生态文化旅游长廊魅力初现，乡镇文化旅游节会各具特色，昌邑县委旧址、峻青文学艺术馆、火道知青馆、李福泽故居等成为新兴的乡村旅游点。邀请中央电视台等国家级媒体，在人民大会堂成功召开了第三届昌邑市乡村旅游节暨第三届龙乡文化节新闻发布会，提升了宣传层次，扩大了宣传影响。三是非遗项目迈出产业化步伐。引导非遗项目和传承人发展传统工艺作坊 100 多家，吸纳社会劳动力 2 万余人，其中“鲁笔”已在全国开设了 12 家连锁分店，卜庄的草编远销海外，乐春面艺的大饽饽闻名全国。依托昌邑丝织二厂老厂房实施改造提升工程，建成一处集产业孵化、产品研发、艺术展览、文化体验、创意培训为一体的混合型文化创意园区，突出“丝绸文化”主题，宣传、展示、挖掘和利用丝绸文化，与昌邑非遗项目融合，搭建“非遗工坊”平台，布展昌邑砚文化博物馆，使古老的非遗项目实现了活态传承。

二、工作规划

坚持马克思主义在意识形态领域的指导地位，以社会主义核心价值观引领文化建设，坚定文化自信，加强社会主义精神文明建设，提升公共文化服务水平，做大做强文旅产业，加快建设新时代文化强市。

（一）加强精神文明建设，强化社会主义核心价值观引领。深入开展习近平新时代中国特色社会主义思想学习教育，推动理想信念教育常态化制度化，加强党史、新中国史、改革开放史、社会主义发展史教育和爱国主义、集体主义、社会主义教育，弘扬党和人民在各个历史时期奋斗中形成的伟大精神。积极培育和践行社会主义核心价值观，深入实施新时代公民道德建设行动，深化拓展群众性精神文明创建。强化对精神文明创建的引领，把培育践行核心价值观作为文明城市、文明村镇、文明单位、文明家庭、文 明校园创建的根本任务，突出思想内涵，明确价值导向。 全面提升社会文明程度。深入推进“四德”工程，加强社会公德、职业道德、家庭美德和个人品德建设，树立先进典型，引导社会道德风尚。大力弘扬劳模精神、劳动精神。推进公民道德建设，实施文明创建工程，促进新时代文明实践中心建设，积极培育、精准对接群众需求的新时代文明实践活动项目，培育文明乡风、良好家风、淳朴民风。开展以劳动创造幸福为主题的宣传教育，推动形成艰苦奋斗、勤俭节约的社会风尚。健全志愿服务体系，广泛开展针对空巢老人、留守儿童的志愿服务关爱行动。加强网络文明建设，净化网络环境，发展积极健康的网络文化。

（二）提升公共文化服务水平，优化基层公共文化设施布局。加强公共文化设施建设，创新实施文化惠民工程，创新文化场馆设施建设模式，广泛开展群众性文化活动，提高工人文化宫、图书馆、博物馆、文化馆等设施覆盖率和利用率，重点推进市博物馆改扩建、美术馆新馆建设，充分发挥图书馆文化馆总分馆制作用，加大文化资源向基层输送力度，助力县乡村三级公共文化设施达标升级。强 化文物保护区、红色文化资源保护区建设，推动旅游地区公共服务机构和游客服务中心 100% 覆盖，实现文化旅游服务功能融合，加强旅游厕所、咨询服务中心、景区停车场等建设，提升旅游服务质量。大力倡导全民阅读，提升“农家书屋”，推广“城市书房”，建设“书香昌邑”。 丰富公共文化服务和产品。实施文艺作品质量提升工程，推出一批体现昌邑历史、思想精深、艺术精湛、制作精良的优秀作品。着力提升公共文化服务内容，组织开展群众文化活动，抓好农村文化大院提升、农家书屋出版物更新、一村一年一场戏、农村公益电影放映等重点文化惠民工程，精心打造昌邑全民阅读活动品牌。推进城乡公共文化服务体系一体建设，促进公共文化设施资源共建共享，基本形成覆盖全市的数字公共文化服务网络。 大力发展“数字 +”公共文化服务。推进媒体深度融合，实施全媒体传播工程，做强新型主流媒体，建强用好融媒体中心。依托 5G、人工智能、虚拟现实和物联网等核心技术，借助智能设备、移动支付和电信电讯等前沿科技，打造以一系列直播和小视频产品为宣传工具。借助微信和微博等社交应用的公共文化智能化综合服务平台，构建“科技 + 公共文化”服务格局。 增进公共文化服务资金保障。争取各级财政资金投入，加强重点文化领域经费保障，确保公益性文化事业单位正常运转。着力汇聚经营资金，利用文化场馆，搞好开发经营，积极 创演、推广精品剧目，大力拓展演出市场。积极吸引社会资金，优化公共文化服务投资结构，鼓励以企业赞助、集体投资、个人出资等形式自建文化基础设施、发展群众文化事业。

（三）挖掘和弘扬优秀传统文化，传承和弘扬优秀传统文化。推动传统美德融入现代生活，实施文艺作品质量提升工程，加强现实题材创作生产，推出更多符合新时代气质、体现昌邑精神的文艺精品，推动昌邑优秀传统文化的传承创新发展。大力弘扬昌邑红色革命精神，让红色基因代代相传。充分发掘利用丝绸文化、红色文化等特色文 化，加强昌邑丝绸文化品牌宣传。加强考古工作和文物保护利用，实施馆藏文物精品、珍贵古籍数字化工程，推动非物质文化遗产传承创新。利用各类文化场所、节事活动，开展优秀传统文化传承和道德实践活动，充分发挥传统文化在凝聚人心、教化群众、淳化民风中的重要作用。大力发展文创产业。实施文化产业数字化战略，以华晨集团“灵心彩装•科创工坊”项目为引领，创新“纺织印染＋文化”发展模式，加快发展新型文化企业、文化业态、文化消费模式，建设文创产业园区。紧抓山东大学历史文化学院（昌邑）教学实践基地成立契机，推动不可移动文物修复、田野考古和文博研究工作齐头并进，抓好丝路古道文化小镇、红色文旅小镇等重点项目建设，新建一批文创街区、文创空间，优化公共文化旅游服务效能，建设新型城市文化空间。推进文化和旅游深度融合。积极推进丝绸古道文化小镇，引入文化创意理念，打通文化链条，重塑“丝绸之乡”品牌。加快建设潍水田园综合体、梨花水镇、青山秀水旅游度假区、龙池红色文旅小镇等项目，推动文山森林公园和潍水风情湿地公园南延北展工程规划建设，推动潍河生态文旅长廊打造布局合理、功能完善、景观丰富的全域型、体验型、原乡型游憩带，支持龙池、卜庄、饮马建设完善红色旅游项目，拓展研学、历史街区、民俗文化、体育健身、中医药健康养生、农业观光体验等专项体验旅游，打造、保护好一批旅游小镇、特色旅游景观名镇名村、地方特色民俗旅游节庆品牌，推动向深度体验旅游的战略转型。大力发展红色文旅，依托红色文化展览中心、抗日战争纪念馆、红色马渠政德政风教育基地等 7 处红色教育基地，加快形成融党史党性、政德政风、家风家训于一体的红色文旅综合体。突破滨海旅游，联合寿光，整合昌邑北部、寿光和滨海文化旅游资源，打造国际水准的滨海度假旅游产业。积极发展旅游演艺，补齐文化旅游产业链条，推动文化旅游与工业、体育、会展、康养、研学等跨界融合发展。

奎聚街道实施“五大工程”打好乡村振兴“组合拳”

近年来，奎聚街道坚持把加快乡村振兴作为助推“三农”工作升级的有力抓手，紧紧围绕“产业兴旺、生态宜居、乡风文明、治理有效、生活富裕”20字总要求，突出“五大主题”，抓实“五项工程”，打好乡村振兴“组合拳”，努力开创“三农”工作新局面。

一、抓实“产业增效”工程，实现“经济强”

坚持把产业提质增效作为乡村振兴的基础，不断转方式、调结构、促升级，努力提高农业综合效益。一是打造品牌农业。坚持“规模化、标准化”的发展方向，做好品牌经营文章。依托黄辛万亩山楂园、王家庄山楂公社等标准化种植基地，打造了高岔有机葡萄、黄辛黄金梨、鄑水大蒜等农产品品牌，并加大政府引导力度，成功举办了昌邑市第一届山楂民俗节、第一届山楂生态旅游节，探索建立了“党支部＋合作社＋农户”的产业化发展新路子。二是搭建专业市场。依托丰富的农产品资源，改变农民为主的传统交易模式，打造线上、线下相结合的市场体系。其中，立足山楂产业优势，成立黄辛山楂交易市场、王家庄山楂公社，打造“山楂火了”品牌，积极探索三产融合，延伸产业链，增加附加值，形成了特色明显、链条优化，竞争性强的市场化发展模式。目前，共建成规模化农产品专业市场2个，一期市场占地1 200平方米，搭建售货台26组。三是推动资本下乡。一方面坚持把电商直播平台作为提振产业活力的有力抓手，小屏幕撬动大产业，依托电商产业园将以打造大型互联网直播领域的产业化为定位，联合淘宝直播、抖音、快手、拼多多、云集等各大平台，成立直播电商联合体，构建顶层设计，借助数字化重构“人、货、场”的关系。通过原创设计、全民直播、家乡好货三个核心体系打造昌邑市网络数字经济新型商业生态圈。另一方面依托现有万亩山楂园农业资源和黄元御文化资源，打造“千年山楂树，元御中药情”农文旅综合试验区项目，规划建设智慧农业示范区、共享花园文化体验区、山楂情文化展示体验区、百草园体验区、元御归乡老街、“四圣心源”中药文化体验区等板块，实现生态种植 + 产地初加工产业链、精深加工产业链、数字科技 + 文旅融合为主体的乡村振兴模式。

二、抓实“环境治理”工程，实现“生态美”

坚持以绿色发展引领生态振兴，增强老百姓的乡村优越感。一是推进综合理治，打造“样板母亲河”。以“零容忍”的决心，打好“清河行动”攻坚战。成功拆除养殖棚、看护房等违章建筑 70 处，清理河道垃圾 2 600 立方米、建筑垃圾 18 000 余立方米。创新治理模式，建立全流域、全天候、全覆盖的河道实时监控系统，并以滨河西路 2 000 余座坟墓搬迁为契机，高标准绿化、美化，打造“智慧潍河”“生态潍河”。二是打响“昌城文脉、鄑水田园、丝路古道、芙蓉名驿”四张名片。打造总投资 5.5 亿元的鄑水小镇项目，立足于保护利用好傅振邦故居等文物资源，修缮傅振邦故居和傅振邦墓园，傅振邦故居和墓园是省内现存为数不多的清代正一品重臣府邸和国葬规格墓园，具有重要历史文化价值，被公布为省级重点文物保护单位。目前，傅振邦故居已获得国家财政资金支持，正在开展修缮。鄑云湖湿地生态区以傅振邦墓园为中心，着力打造湿地生态主题公园和鄑云湖。沿环湖路打造银杏林、梅园、牡丹园、芍药园等花卉长廊，与听雨亭、春曦亭、鄑水桥等人文景观相呼应，周边以农业和采摘为主打造“鄑水田园”现代特色农业观光区。打造核心文物保护区，利用文官世家道昭孙氏、武职世家虫埠傅氏以及嘉靖帝师翟瓒等名人资源，恢复利用好“游沼荷香”“东山晚照”等昌邑八景，打造历史文化片区；以黄辛万亩山楂园为中心，建设“千年山楂树 元御中药情”农文旅试验区；延伸石湾花海、古街连片提升，高标准打造“文化 + 旅游 + 研学 + 特色农业”为主体的乡村振兴示范项目。三是借力棚改工程，打造“美丽新乡村”。依托得天独厚的区位优势，强力推进棚改工程建设，引导群众算好“经济账”“环境账”“生活品质账”，打造有速度、有温度、有力度的奎聚棚改模式。在抓好 2 191 套棚改任务的基础上，新增棚改项目 22 个、18 个片区、1 369 套，并实现了棚改项目“全面清零”。

三、抓实“文化传承”工程，实现“风尚新”

积极培育文明乡风、良好家风、淳朴民风，努力形成社会好风尚，焕发文明新气象。一是做强忆古文化。按照“文化与风貌相融、保护与提升相加”的思路，不搞大拆大建、原味改造提升，建设张辛吴辛村明清古建筑群，建成“讲好农耕故事、传习农耕技艺”农耕文化宣传一条街，打造了“看得见山、望得见水，记得住乡愁”的农村文化景观。二是做强农旅文化。依托自然生态、绿色文化，突出乡村气息、民俗风情，贯穿黄辛、王家庄、郇辛、张辛等村落，打造了“万亩花海、千年梨园、百年山楂、十里古街”的精品乡村游景观。整修砂石路 12 公里，建设原色竹栅栏 1.8 万米，安装景观式路灯 1 000 余盏。三是做强现代文化。以文化为窗口、产业为纽带，着力将文化传承做成品牌，先后建设了创客中心、艺术中心、文化长廊，打造了融合文化、电商、创业、服务于一体的“城市文化综合区”。

四、抓实“基层治理”工程，实现“社会稳”

坚持把夯实基层基础作为固本之策，营造充满活力、和谐有序的社会环境。一是建设便民化“智慧网格”。采取“互联网 + 党员 + 网格员 + 便民服务”的叠加管理模式，运用大数据云计算，实现百姓诉求、干群对话、党组织任务安排的及时化、互动化、智能化。建设党建明格大数据平台，通过“说一说、见一见、看一看”功能模块，打造“看得见、听得清、说得明”的智慧感知服务品牌，形成了全域化党建引领的网格化社会治理新机制，增强了老百姓的获得感、幸福感。二是打造智能化“天网工程”。突出科技创新，大力推行智慧网络化管理，建立了集 4 670 个监控探头和网络专线于一体的智慧监控系统，进行全天候、无缝隙实时管理，并结合信用体系建设，建立群众诚信“身份证”，提高了社会治理科学化、法治化、智能化水平。三是实施全员化“治理模式”。一方面化细划小网格。将村庄划分为 6 个网格，每个网格设置网格长一名并进行公示，每个网格长下辖 3~4 名网格小组长，网格小组长直接管理 10 余户群众，党建“网格”织成一张覆盖社区、遍及家家户户的服务网络，使得辖区党员、党组织均在网格内找到自己的“责任田”，推动村居治理创新迈上新台阶。另一方面搭建大数据平台。将村庄社会治理与大数据云平台相融合，建立集党的建设、社会管理、公共服务“三位一体”的网格化信息管理服务平台。将村庄的人口、家庭状况、就业、人员外出、坐落、地亩、爱好等悉数录入，通过大数据云计算实现百姓诉求、干群对话、党组织任务安排的及时化、互动化、智能化，为村民带来便利，实现信息下乡，提高办事效率，将党的惠民政策和上级重大决定、决议通过系统自动推送、音视频互动传达到每村每户。再一方面提供智慧化服务。采取“互联网+党员+网格员+便民服务”的叠加管理模式，完善党建明格的“说一说、见一见、看一看”功能，将党工委工作、村委治理工作，打造成“看得见、听得清、说得明”的智慧感知服务，依托智慧党建平台，开发“山楂红了 、e‘网’情深”手机APP客户端，建立公开透明、便捷高效、运转畅通的服务新机制，把“互联网+”引入村居服务，对辖区开展的文化活动、自家物产、医疗卫生、远程教育、农林渔业、政务服务等情况进行记录、管理，让群众大事小事不出社区就可在家咨询办理，打通联系群众的“最后一纳米”，增加百姓的获得感、幸福感。

五、抓实“人才活力”工程，实现“农民富”

坚持把农民富裕作为乡村振兴的重要标准，千方百计促进农民增收，打牢乡村振兴基础。一是聚人才增强活力。充分依托产业研究院、石湾花海特色小镇、101党群服务中心、潍水美术馆等载体，用好、用活招才引智“黄金十条”，加速人才培养与聚集。成功引进国家“千人计划”专家5名，全职博士研究生6名，科技副职3名。 二是转方式、促进增收。积极发展党支部领办合作社，通过“山楂火了”种植合作社，采取“党支部+合作社+农户”，村集体以土地+资金入股，村“两委”注入资金，引导果农以土地入股。依托合作社和“山楂+”产业载体，实现山楂的统购统销。盘活集体经济，建立长效机制，有效利用村里原有的300多亩承包地，进行土地入股，壮大集体经济，发展村庄公益事业，共享发展成果。三是建载体、推动创业。高标准打造“东方创业谷”，101总部经济基地和产业技术研究院与昌邑市东方创业谷围绕助力新旧动能转换，依托创新高效的服务机制，持续储备的人才支撑，以文创升级和县域电商提质增效为抓手，通过落实创业政策、创业培训辅导、三招三引等措施，推动我市传统产业的转型升级、新动能释放和焕发新的活力，营造了浓厚的“磁石效应”，吸引科技主导型、技术密集型等“高精尖”企业前来落户。“一部一院”共能吸引容纳 8 家研究院所、15 个专业平台，60 余家企业。依托 101 党群服务中心、东方创业谷、潍水美术馆“三大载体”，其中东方创业谷服务中小企业 400 多家，帮助 110 多个创业者实现成功创业，稳定吸纳就业人员 600 多人，形成了创新、开放、共享的现代化、多功能综合服务区，运用互联网 + 平台 + 孵化 + 运营模式，汇集服务、文化、创业、招商等发展元素，加速知识型人才的培养与聚集、多元文化的融合与互动，成为大众创业、万众创新的示范街区。101 总部经济基地和产业技术研究院与昌邑市东方创业谷先后荣获“山东省众创空间”“山东省小型微型企业创业创新示范基地”“潍坊市创业孵化示范基地”“潍坊市中小企业公共服务三级平台体系先进服务机构”“鸢都青年创业基地”“昌邑市新的社会阶层人士实践基地”“潍坊市中小企业公共服务平台”“潍坊市电子商务示范基地”“2018 年度开放发展先进企业”等荣誉称号。到 2020 年，101 总部经济基地和产业技术研究院与昌邑市东方创业谷已涵盖昌邑市所有产业园区，服务项目内容全面升级，投融资体系运转更加完善，有效服务 800 家以上企业、创业带动就业 1 000 人以上，打造昌邑传统支柱产业转型升级项目，形成昌邑市创业创新规模效应和创新发展模式。到 2025 年，将形成以昌邑市为核心辐射周边县市区，建立健全新产业创新体系，力争成为全国创新创业示范县市。

黄家辛庄村把“小红果”办成大产业促进村庄全面振兴

一、黄辛村简介

黄家辛庄村位于奎聚街道驻地北 5 公里，昌邑市奎聚路北首。明弘治年间，彭姓迁此定居，因立村于沙岭旁，取名彭家沙岭。后黄、唐等姓相继迁居于此，年增人盛，改称黄家新庄，后改称黄家辛庄村至今。聚落呈长方形，村内道路三纵两横，占地面积 0.61 平方公里。现有人口 405 户，1 382 人，是山东有名的“山楂之乡”。村里有 300 多年的果树种植历史，所生产的大线穗梨、“大金星”山楂于 1989 年 10 月获得“山东优质水果”称号。近年来，随着市场需求发展，果树种植转向优质化、多元化，目前山楂种植近 2 000 亩，桃、黄金梨等 400 多亩，成为山东有名的“山楂之乡”水果种植专业村。

二、果树种植发展史

1. 起步探索。19 世纪中叶，黄辛村杨姓先人跑南洋做生意，从印尼引进谢花甜梨，从此开启了村庄种植果树的先河。受当时生产条件及科技水平低下的制约，果实种植发展很是缓慢，一直到 20 世纪中叶，近 100 年时间，发展到几百亩的规模。

2. 改良创新。1964 年雨涝严重，村里果树几乎全部涝死，只剩下梨树和山楂树，于是村党支部当机立断发展梨树。1965 年，在县林业局支持帮助下，从黄县下丁家村聘请果树技术员，将原有果树全部修剪改良，并培养相当数量的果树技术员，开展果树病虫害防治等技术操作，全村果树种植面积发展到 680 亩。

3. 规模发展。国家农业林业专家相继研究出山楂的各种营养成分及医用食用价值，各地相继宣传报道山楂食用药用价值。根据果树种植现状，在山东大学罗新书教授帮助下，黄辛村着重发展山楂种植，并成立山楂种苗繁殖专业队，由林业队总技术员牵头负责种苗繁育及种植事宜。1980 年，山楂种植达到相当规模，并于 1982 年建起全县第一家罐头厂。

4. 重振品牌。近年来，充分挖掘百年山楂种植优势，在街道支持帮助下，举办了昌邑市第一届山楂民俗节、第一届山楂生态旅游节，着力以黄辛村为主打造集种植、采摘、休闲旅游于一体的万亩山楂园，打响奎聚乡村旅游特色品牌。

三、乡村振兴举措

黄辛村已经有百年种植山楂的历史，20 世纪中叶，在山东大学罗新书教授的帮助下，成立山楂种苗繁殖专业队，在 1982 年建起了全县第一家罐头厂。近年来，黄辛村充分挖掘百年山楂种植优势，在奎聚街道支持帮助下，举办了昌邑市第一届山楂民俗节、第一届山楂生态旅游节，着力以黄辛村为主打造集种植、采摘、休闲旅游于一体的万亩山楂园，打响了奎聚乡村旅游特色品牌。

在党支部积极引领下，黄辛村注册成立昌邑市“山楂火了”种植合作社，采取“党支部 + 合作社 + 农户”，村集体以土地 + 资金入股，村“两委”注入资金，引导果农以土地入股。依托合作社和“山楂 +”产业载体，黄辛村实现了山楂的统购统销。此外，黄辛村还积极探索三产融合，延伸产业链，增加附加值，开发山楂酒、山楂保健品以及山楂休闲食品和罐头、饮品等产品，打造“山楂火了”品牌，以“小红果”带动“大产业”，增加农户收入，实现产业振兴。

村“两委”投入大量资金、机械、人工，彻底清除了“三大堆”，打通断壁残垣，清除垃圾点，实现了路路通、户户通，高标准完成旱厕改造、扶贫、农村生活污水治理等各项工作，交出村民满意答卷。

黄辛村依托万亩山楂园，打造“山楂树之恋”，以山楂的酸涩与甜美，比喻青涩的爱情，深入发展产业文化。围绕“山楂树寻爱之旅”主题，以“山楂红了”做活山楂文章，以休闲旅游采摘为方向，挖掘相亲相爱树、千里姻缘、红绳系情、甘棠遗爱等元素，丰富山楂树文化，增强文化吸引力，打响奎聚乡村旅游特色品牌。黄辛村举办了昌邑市第一届山楂民俗节、第一届山楂生态旅游节，着力打造集种植、采摘、休闲旅游于一体的万亩山楂园，打响奎聚乡村旅游特色品牌。

黄辛村计划把村里原有的300多亩承包地有效利用起来，进行土地入股，同时以占地10亩的旧厂房招商引资，切实围绕山楂做大产业，壮大集体经济，发展村庄公益事业，让每个黄辛人共享发展成果。

黄辛村依托101总部经济基地的电商直播平台，展开山楂产品的宣传推介，黄辛山楂在黄元御中医节展出，学习强国、今日头条、齐鲁晚报、今日昌邑等多家媒体先后多次对黄辛村的乡村振兴模式进行宣传推广。

黄辛村坚持以“五个一”为方向，即一个宣传队激发出黄辛精气神；一系列机制推动村集体长效发展；一个产业带动一个农村合作社；一支班子凝聚村级发展新能量；一场节会推介昌邑特产知名度，凝心聚力，打造出了乡村振兴奎聚样板！

四、下一步打造提升内容

（一）打造“五好五型”党组织。

“五好”：①领导班子好。支部班子健全，分工明确，工作落实到位，能够团结带领群众坚决贯彻执行党的路线、方针，政治坚定，团结协作，务实高效，清正廉洁，凝聚力、战斗力强；②党员队伍好。培养锻炼一支好队伍，要培养党员的先进意识，在村级建设中发挥模范带头作用，积极鼓励年轻人加入乡村振兴队伍，吸纳有本领、有能力的青年人进入村级党员队伍；③工作机制好。健全一套好的管理制度，使党组织各项工作逐步走上制度化、规范化的轨道。坚持民主集中制，组织召开“阳光议事日”和民主生活会，开展事前听证，广泛征求意见，充分发扬民主；④工作业绩好。支部党建工作要出亮点，工作水平提高，管理有序、服务完善、环境优美、治安良好，至少有一项工作的经验做法得到上级党组织的肯定和推广，支部工作及其特色活动被新闻媒体报道，且次数较多、层次较高；⑤群众反应好。党组织的各项工作符合群众的意愿，能有效维护群众的合法权益，党组织各项工作得到广大群众普遍好评，得到广大群众的支持和拥护，民主测评领导班子群众满意度达到90%以上。

“五型”①服务型党组织。转变工作作风，致力于关注民情，维护民意，促进民和，把群众的困难当成自己的困难，想群众所想，急群众所急，切实通过民意，理顺情绪，凝聚人心，不断赢得人民群众的持久信任和支持；②学习型党组织。学习载体丰富，组织内容丰富、形式多样、教育性强，积极创造条件为党员提供交流与互动学习的平台，促进党员将学习成果转化为推动工作的实际行动；③创新型党组织。创新党建内容，开展形式多样的党建创新活动，化无形为有形，变抽象为具体，使创新活动看得见、摸得着，不断激发创新活力；④效能型党组织。树立争先进位的意识，造就真抓实干的作风，建立职责分明的机制；⑤廉洁型党组织。严格落实党风廉政建设责任制，深入推进党务公开工作，鼓励和保护党员干部讲真话、讲实话、讲心里话，积极营造民主讨论、民主监督的良好氛围，时刻保持艰苦奋斗的作风，坚决落实中央“八项规定”，坚决抵制享乐主义和奢靡之风。

（二）以“小红果”带动“大产业”，推进产业振兴。

积极发展党支部领办合作社，通过“山楂火了”种植合作社，采取“党支部＋合作社＋农户”，村集体以土地＋资金入股，村“两委”注入资金，引导果农以土地入股。依托合作社和“山楂＋”产业载体，实现山楂的统购统销。盘活集体经济，建立长效机制，有效利用村里原有的300多亩承包地，进行土地入股，壮大集体经济，发展村庄公益事业，让每个黄辛人共享发展成果。

积极探索三产融合，延伸产业链，增加附加值，将本村占地10亩的旧厂房进行招商引资，积极对接“山楂树下”、中医药公司等知名品牌合作，发展村领办企业，积极开发山楂酒、山楂保健品以及山楂休闲食品和罐头、饮品等产品，打造“山楂火了”品牌，以“小红果”带动“大产业”，积极发展电商直播平台，充分利用“线上＋线下”两个市场，带动农民就业，增加农户收入，实现产业振兴。

（三）做足山楂“文化＋旅游＋研学”文章，打响百年“山楂之乡”名片，实现文化振兴。

黄辛村山楂种植历史悠久，要积极挖掘村庄的山楂文化资源，筹建以山楂为主线文化的村史馆，依托万亩山楂园，规划设计以“山楂树之恋”为主题的乡村旅游线路，深入发展产业文化。围绕“山楂树寻爱之旅”主题，以“山楂红了”做活山楂文章，以休闲旅游采摘为方向，挖掘相亲相爱树、千里姻缘、红绳系情、甘棠遗爱等元素，丰富山楂树文化，增强文化吸引力。积极举办“农民丰收节”、山楂民俗乡村旅游节、爆“楂”音乐节、山楂摄影展、筹划举行“山楂树之恋”相亲大会、联谊会等活动，用新颖的文艺活动带动周边民俗文化全面上档升级。积极与中科院、中国农业大学、山东农业大学、华中农业大学等高等院校对接，推动山楂培育、品种研发试验田，使黄辛成为山楂种植、研发、推广、销售中心，真正打响百年“山楂之乡”名片！

（四）创新事前听证机制，营造“凡事好商量、议事圈议出好生活”的良好氛围。

深化基层事务管理工作，创新社区基层管理，切实解决村居的难点热点问题。深入推进基层事务事前听证工作，确保“小事不出村、大事不出区、矛盾不上交”。

一是强化源头预防，及时调处纠纷。注重把工作的重点放在超前排查化解矛盾纠纷上，通过基层事务事前听证，及时掌握可能引发信访稳定的倾向性、苗头性、潜在性问题，切实把工作做在事发之前，把问题解决在事发之初，把矛盾化解在萌芽状态。

二是注重两级联动，做好协同推进。建立由“两代表一委员”“五老”人员等组成的听证小组。把基层事务事前听证工作与“一村一法律顾问”制度相结合，定期进行法律知识普及，对重大决策类事项开展事前听证时，应组织党员群众代表列席，保障落实党员群众的知情权、监督权，确保听证过程公开公正。对矛盾纠纷类事项进行听证时，可组织双方当事人的亲朋好友、街坊邻居等参加，协助做好调解疏导工作。

三是成立黄辛村“山楂议事堂”。有事好商量，村民的事情由村民商量，积极探索“有事好商量”基层议事平台，充分发挥村居党组织的组织、协调、服务作用，搭建村民意见收集、协商、解决的议事平台。村民也可通过手机线上平台反映诉求、发表意见。打造线上线下互联互通的网格村民“议事圈”。

坚持生态振兴　建设秀美都昌

都昌街道在“打造乡村振兴齐鲁样板”的大潮中，始终深入贯彻落实党中央有关实施乡村振兴战略的重要指示精神，牢固树立和贯彻新发展理念。以建设美丽宜居村庄为导向，坚定践行绿水青山就是金山银山的理念，以乡村绿色发展、环境靓丽为主攻方向。多措并举，统筹推进，为乡村振兴工作提供了生动实践和独到经验。

一、持续推进农村人居环境整治

三年来，都昌街道始终以蓬勃的精神状态、严格的督导机制、务实的工作作风，持续推进农村人居环境整治工作。立足现有条件，区分轻重缓急，实施农村人居环境整治三年行动。以垃圾污水治理、改厕提升、户户通工作为重点，着力补齐短板，加快建设美丽乡村。在垃圾污水治理方面，都昌街道用党员干部带头干，发动群众齐参与，人工机械齐上阵的方式，营造起全民参与的人居环境治理氛围。瞄准短板弱项，重点针对村内外主干道路、房屋前后的杂草、乱堆乱放的垃圾等。同时党员干部带头积极向群众宣传人居环境整治、疫情防控、预防一氧化碳中毒等知识，引导群众形成良好的卫生和防护习惯。共同营造干净、安全的生活环境。对于改厕提升工作，首先建立改厕工作台账，进一步细化时间表、任务图，坚持一日一跟进、一日一调度，进一步压实各社区、村居主体责任，倒排工期、挂图作战，抓住当前施工的黄金时期，在保证施工质量的前提下，加班加点抢抓进度。其次邀请专业技术人员对改厕施工过程、质量标准进行业务培训，实行街道统一组织招标，统一组织专业化施工队伍，统一标准，确保按计划施工、按标准建设，加强质量保证，把好材料和施工关口，严防建设不达标问题，确保全街道改厕工作高标准建设、高质量完成。最后成立督查验收专班，紧盯施工进度，严把施工质量。对改厕施工过程进行严格督查，及时督促工作进度，纠正存在问题，确保施工一处，合格一处；对改厕完成户按照标准及时进行验收，做到“改一户，验收一户，达标一户，群众满意一户”，确保改厕工作的进度和质量。对于户户通工作，街道紧盯关键村居，抓住施工有利时机，建立“街道、村、户”三级联动机制，多方筹措，突破资金投入上的瓶颈，在确保质量、安全的条件下，争取把时间抢回来，把进度赶上去，确保打通为民服务的“最后一公里”，为美丽乡村建设铺就幸福路。敢于担当、不等不靠，有信心、有决心将这一惠民工程落到实处。转变思想观念，消除畏难情绪，放下思想包袱，迎难而上。算好“村情账”“经济账”“成本账”，实事求是，合理选择硬化模式，确保硬化标准质量。用好“宣传引导”“发动群众”这两件法宝，各村干部开动脑筋、再宣传、再发动，确保共建共享共治。同时，街道在监督关节做足功夫，切实发挥好“纪工委+”督查作用，联合市住建局五大督导组全天候靠上督查，及时反馈发现问题，督促问题整改，严肃考核问责；各社区、村居对照问题反馈清单，逐项销号、举一反三、全面提升；街道人居办对问题整改逐项验收，确保攻克难点、不留盲点，切实保证了问题闭环式清零，成效全域式提升。在人居环境整治工作方面，街道以更高的政治站位和更强的责任感、使命感，坚持聚力攻坚与长效管理相结合，持续推进辖区人居环境实现新突破。

二、推进农业绿色发展

近几年来，都昌街道深入贯彻落实中央和上级党委关于农业绿色发展的相关决策部署，攻坚突破、狠抓落实，致力于加快农业科技创新，大力培育新型农业经营主体，积极发展绿色品牌农业，同时坚守耕地红线，保障粮食生产。推动农业由增产导向向提质导向转变，农业支撑更加有力。对于农业科技创新方面，都昌街道借力鲁台经贸洽谈会等各种经贸交流活动，以昌邑生姜产业为载体，通过组织各类交流合作，帮助各方合作伙伴达成“优势互补、共创双赢”的目标，打开农业科技创新新局面，同时对农业创新企业加大政策扶植力度，为企业解决困难，为新型农业科技企业的发展保驾护航。对于培养新型农业经营主体方面，街道创新建立党支部领办合作社“多联双促”运营平台，将党支部领办合作社作为发展壮大村集体经济的重要抓手，将党支部的政治优势、组织优势和合作社的经济优势有机结合，实现了“1+1>2”的效果，为合作社发展壮大找到了“主心骨”。为进一步促进党支部领办合作社实体化运行，都昌街道摸索出了以党支部领办的村集体占大股、群众参与的合作社为主体，以城市前置仓和“三农”服务点为支撑的“一主体两支撑”运作模式，走出一条“一村一品牌，一村一特色”的乡村振兴致富路。为促进“一主体两支撑”运作模式，都昌街道充分挖掘优势资源，通过联“创新创业”基地获得政策支持、联“线上平台”获得购销支持、联“金融服务”获得资金支持、联“华海市场”获得平台支持等“多联”形式，解决合作社发展过程中的资金问题、销售问题、供应问题，“多方联”即广泛融入社会资源。建立平台与潍坊银行、创新创业基地、群苑物联网平台、华海贸易市场四方面要素，通过为农民提供低息贷款、政策优惠、网上宣传、实体店面等方式，为农户消除市场、资源等障碍，真正使其获益。在综合考虑农村产业相关、地缘相近、人文相亲等多方面因素的基础上，都昌街道采取“以强带弱”“强强联合”“抱团发展”等形式，大力推进组织联建、产业联合、深度融合的农村党建联合体新模式，推动农村基层党支部领办合作社“模块重组”“条块融合”。在这种模式下，各村庄联动开展协商议事、抱团处理难事急事，实现基层党支部领办合作社由“封闭运行”向“融合共进”转变。在发展绿色品牌农业方面，街道突出生姜特色产业发展，在产品深加工和产业链延伸上做文章，充分发挥“昌邑大姜”“金昌大姜”品牌效应，不断提升生姜产品品质，创新销售模式，全力助推全市生姜产业做大做强。不断加大扶持力度，就做大做强生姜这一支柱产业，着眼长远，充分发挥龙头带动作用，做大做优特色基地，助推生姜产业由资源优势向产业优势的转化，唱响都昌大姜品牌。

三、生态环境保护与修复

为保护蓝天碧空，建设美丽乡村，创建生态都昌，都昌街道从旧锅炉淘汰、散煤治理、严禁秸秆焚烧等方面下足功夫，抓实生态环境保护与修复工作。对于燃煤锅炉淘汰工作，街道召集辖区内47家燃煤锅炉整治单位负责人，召开了燃煤锅炉专项整治工作部署会议，并邀请市环保局窦宝军副局长到会指导工作。会议为各企业锅炉改造提供了可行性指导意见。按照部署要求，都昌街道会同市环保局、城市管理执法大队、都昌派出所等部门，将利民街碧海湾洗浴中心燃煤锅炉等老旧燃煤锅炉顺利拆除。对于散煤治理方面，街道首先对辖区内的散煤用户、炉具使用数等相关数据进行了彻底的排查摸底，切实掌握了辖区内散煤使用的实际情况，为治理工作的开展打下了基础。同时，街道充分利用微信公众平台、横幅、明白纸、社区、村（居）宣传栏等平台，充分宣传散煤清洁化治理及煤炭清洁高效利用的意义，深入剖析燃烧劣质散煤对社会带来的危害，积极引导辖区内广大群众参与到治理行动中来，自觉抵制并举报销售、使用劣质散煤的行为。随后与相关部门联合执法，严厉查处和打击各类违法行为，建立整治台账，做到发现一起查处一起。同时将进一步发挥辖区内广大群众的力量，积极宣传、广泛监督，在全社会营造起对散煤使用行为的高压态势。对于严禁秸秆焚烧方面工作，首先加强宣传，街道通过微信公众号、村内条幅、发放传单、村内大喇叭、公益短信等方式加强宣传，指出焚烧秸秆的危害和危险，使广大人民群众深刻认识到焚烧秸秆的利害关系，同时加强监管，卡实农忙节点，会同有关业务部门开展实地联合督导，同时街道结合网格化监督在田间地头组织全覆盖、无缝隙的巡查，确保及时发现，将隐患解决在萌芽时。同时要发现一起查处一起，重点盯好“第一把火”，对发现违法燃烧秸秆的依法依规严肃处罚，破除侥幸心理，在全社会营造起自觉抵制燃烧秸秆的氛围。

三年来，都昌街道积极谋划、主动出击，以高度的思想自觉和行动自觉指导行动，坚决贯彻落实了党中央有关乡村振兴的决策部署要求，不等不靠迅速推进，提高站位严抓落实，在农村人居环境整治、农业绿色发展和生态环境保护与修复等各项重点工作取得了喜人的成就，谱写了乡村振兴都昌篇章。在下步工作中，都昌街道将建立常态化农村人居环境整治、生态环境保护与修复工作机制，拉长战线，持续发力，避免“一阵风”，同时继续聚焦产业兴旺，积极谋划、主动出击，力促各类大项目、好项目落户都昌，加快提升自身经济实力，全面拓宽群众增收渠道，确保都昌街道推进乡村振兴走在全市前列。

“三化融合”创峠埠治理新局面

昌邑市都昌街道峠埠村，占地面积 2 400 亩，辖 6 个村民小组，320 户 1 097 人，党员 44 人。党的基层组织是党的全部工作和战斗力的基础，村级党组织的组织力则是基础中的基础，直接关系到党的创造力、凝聚力和战斗力，近年来，都昌街道峠埠村坚持以党建为引领，探索了党员管理“项目化”、群众管理“网格化”、各类组织管理“功能化”“三化”融合模式，有效激发了党员、群众、各类组织参与村级事务的内生动力，趟出了一条提升村级组织力的新路子，开创了乡村治理的新局面。

一、党员“项目化”管理，推动党员强素质、树形象、做先锋

党员“项目化”管理之前，诸多党员对于村内工作参与度不高，很多工作往往是支书干、大家看。对于党员管理大多是采取亮身份、民主评议、定期考核、奖优罚劣等措施，更多是强制性“管”，党员被动接受，往往满足于按时缴纳党费、参加会议、不当“反对派”，自觉主动、满含激情地去干的少。同时，随着农村形势的变化，人居环境整治、“户户通”工程、发展经济、日常管理等村级事务越来越多，党支部仍然习惯唱“独角戏”，落实任务、化解矛盾大多是村干部单打独斗、直接面对群众，缺乏帮手和缓冲地带，导致在一些村特别是规模比较大的村，“两委”干部很吃力，有时还出力不讨好，制约了农村工作协调高效运转。这就需要有一个管用的抓手，把党员个体潜能和整体功能充分挖掘利用起来，形成支部吹号、党员冲锋、众人划桨开大船的生动局面。

峠埠村借鉴现代企业“项目化”管理理念，将党员管理重心与村级治理、重点难点工作推进有机结合，峠埠村党支部将年度重点任务分解立项，形成项目清单，采取组织安排、自主选择相结合的方式，让每一名党员都积极认领项目、承担责任。建立“周调度、月汇报、季点评、年评议”督导推进机制和积分制管理办法，并与党员星级评选相挂钩，同步向群众公开，确保各项目推进有力、落地有声。一年多来，全村共确定各类党员项目

5个，参与认领的党员30名。

目前，岞埠村已在全街道率先完成改厕、“户户通”工程等重点工作，各项工作均走在前列。

二、群众“网格化”管理，实现管理服务无缝隙、全覆盖、“零时差”

大包干以前农村是“一个公章管全庄”，群众管理服务还比较粗放，现在农民群众独立生产、生活能力越来越强，对村集体依赖越来越小，加上进城务工、居住的逐渐增多，村庄“空心化”现象严重，再按照原来一锅煮、粗放式的管理办法，很难把群众有机联系在一起，群众思想脉搏、各类诉求、急事难事以及不稳定苗头，村级党组织不能及时掌握和帮助解决。对此需要进一步完善治理架构，实现精细化管理，及时有效地解决好村庄管理的难题。

岞埠村充分运用社会治理“网格化”思维，按照群众居住区域，以街、路、巷、房为界重新划分村级治理网格，选优配强网格长、网格员，明确要求他们第一时间掌握发生在群众身边的好事、急事、难事“三件事”，履行好上传下达、民情收集、跟踪反馈、邻里互助、社会治安等职责，健全网格运行、管理考核、奖惩激励3项制度，实现了“全村一张网、人在网中走、事在格中办”，真正将党的触角延伸到每家每户。

目前，岞埠村共划分网格6个，选拔网格长、网格员6名。完善的网格管理大大提高了党员群众参与村庄治理的积极性，诸如农村人居环境整治行动在内的一批重点工作得到顺利推进，涉及环境整治、土地流转、矛盾调解等方面的历史遗留问题得到有效化解。

三、各类组织“功能化”管理，实现强功能、优服务、促发展

村级党组织对一些传统群团组织和各类新型组织在管理服务上还存在“盲区”“盲点”，致使一些传统组织形同虚设，一些新型组织“各吹各的号、各唱各的调”，大都处在自然发展状态，没有真正发挥好作用。作为村级治理重要组成部分，这些群体管理好了，将成为村“两委”的好帮手，管理不好、放任自流，就会游离于党组织视线之外，个别的久而久之甚至会走向对立面，成为“绊脚石”。如何因势利导引领好、服务好，是一个迫切需要解决的问题。

针对村级传统群团组织及各类新型组织“自娱自乐”、党组织“置身事外”的问题，峠埠村以加强各类组织“功能化”管理为着力点，以各类组织健康发展和作用有效发挥为目标，健全“支部＋各类组织”工作模式，按照“有组织的抓规范、已规范的抓提升”思路，进行深入摸排、梳理汇总，统筹抓好各类组织培育及服务工作。建立清单管理制度，由村党组织指导各类组织根据工作计划及章程细化月工作任务清单，督导活动开展，并结合阳光议事日，逐一听取工作汇报；年底，召开各类组织负责人会议，围绕工作开展、功能体现、作用发挥等情况进行评星定级、表彰先进。目前，峠埠村共规范各类经济组织、文体活动组织等 6 个，开展活动 30 多次。

实施“三化”融合管理以来，各类群体主动担当、创先争优劲头更加充足，一些原来“默默无闻”的党员、群众主动走上“前台”，在疫情防控、环境整治、服务群众等工作中处处带头、事事争先，农村面貌发生显著变化。

围子街道聚焦五个振兴　奏响乡村振兴新乐章

党的十九大作出的实施乡村振兴战略的重大决策部署，描绘了建设美丽乡村的美好蓝图，实现这一宏伟目标，既是机遇，也是挑战。作为实现乡村振兴主阵地的基层，围子街道坚持疫情防控和经济社会发展“两不误”，突出做好现代农业发展高端化、基础设施配套一体化、人居环境整治片区化，助推乡村振兴战略实施。

一是聚焦产业振兴，加快“三产”融合步伐。坚持规划先行，全力打造智能装备制造产业园、永富弹簧产业园、循环制造产业园、浩信工业园、丸和生姜产业园、康洁环卫产业园六大板块。大力发展苗木、大姜种植、种子培育等特色农业，加快农业“新六产”发展。全面创新发展方式，按照特色化、差异化的原则，深化“基地＋合作社＋农户”的产业模式，结合本地大姜种植优势，重点培育大姜深加工、秸秆综合利用等产业，实现壮大一个产业、辐射一片区域的目标。丸和生姜产业园建成后年可加工大姜 8 万吨，年处理大姜秸秆 10 万吨，清洗、交易大姜 20 万吨，实现年产值 20 亿元，利税 2 亿元，提供就业岗位 2 000 余个，充分发挥园区带动作用，助力乡村振兴实施。

二是聚焦生态振兴，打造宜居生活环境。按照统一规划、连片治理的思路，以样板村、样板片区建设带动，重点改造提升下小路、206 国道、围仓路沿线村庄环境，突出抓好古城、六股两个省级美丽乡村示范村建设，高标准规划建设以仓街、于家部等 10 个村为中心的典型村建设，以点带面、连点成片，加快推进 127 个村庄净化、硬化、绿化、亮化、美化“五化工程”实施，示范引领街道整体面上人居环境整治工作提升。优化城镇服务功能，截至目前，统一改造无害化厕所 10 070 户，完成 117 个村户户通工程、硬化道路 151 多万平方米，完成 67 个村农村生活污水治理建设、铺设管道 416.8 公里。现辖区内建成公共厕所 23 座，其中村级农村公厕 21 座、交通衔接平安大桥处公厕 1 座、便民健身三角公园处 1 座。

三是聚焦文化振兴，铸就优良文明乡风。积极推进移风易俗、殡葬改革，充分发挥 127 个村的红白理事会作用，加快公益性公墓规划和实施，继续完善村规民约，引导广大居民做到勤俭节约。完善公共文化服务，有序推进村史馆、乡贤馆建设，现已建成于家部村、六股路村、古城里村、张董村、李家村 5 个村史馆和于恩波展馆，总投资 178 万元。实施乡村记忆工程，深入开展村志编纂工作，留住乡村记忆。自 2017 年 4 月编纂工作起，街道充分动员、积极发动，突出鲜明个性的精品村和特色村，深挖本土优秀文化内涵，历时一年，圆满完成 127 个村的村志编纂工作。该做法于 2019 年荣获山东省第三届乡村治理论坛乡村治理文化类十佳案例。加强思想道德建设，充分利用微信公众号、农家书屋等平台，广泛宣传新风尚，加快乡贤人才联谊会步伐，充分发挥道德模范的带动引领作用，让文明新风遍地开花。

四是聚焦组织振兴，实现社会治理有效。创新治理新模式，充分发挥社区法律顾问等法学会成员作用，推行事前公开听证，聚焦矛盾聚集点，推动决策听证关口前移，最大限度从源头上预防和减少矛盾问题的发生。实行网格化管理，按照“合理区划、网格管理、定人定责、层层监督”的工作原则，充分发挥 127 名网格员“探头”“触角”作用，承担安全生产管理、村级环保监督、农产品质量安全监管、村庄规划监督、民政事务协理、社区网格管理等多重职责，发挥小“助理”大作为的效用。配优配强“领头雁”，选派 7 名副科级领导干部，4 名机关干部任职村党支部书记，当好“领路人”的角色。孙斜村、六股路村、邢家庄村党支部被评为潍坊市“过硬党支部”。

五是聚焦人才振兴，补齐农民富裕短板。进一步提升人才工作与产业发展黏性，创新“人才 + 项目 + 平台”模式，发挥智能装备制造产业园和康洁环卫产业园两个百亿级园区的规模效应，聚焦传统制造产业转型升级，先后对接北京大学、中国科技大学等国内知名高校，服务产业转型发展。实行产教融合、校企合作，依托国家智能铸造产业创新（潍坊）中心、浩信昌盛智能工厂、昌邑市智能铸锻中心等智能化项目，引进 B 类高端技术人才 2 人、C 类 6 人、青年人才 377 名，为围子经济发展提供了人才保障、智力支持，推动了围子街道各项工作顺利开展。

孙斜村配强组织队伍 助力乡村振兴

组织振兴是乡村全面振兴的基石和保障。习近平总书记指出，党的基层组织是党的肌体的“神经末梢”，农村基层党组织与基层群众距离最近、联系最广、接触最多，是党在农村全部工作和战斗力的基础。要推进乡村振兴，必须紧紧依靠农村党组织和广大党员，使党组织的战斗堡垒作用和党员的先锋模范作用得到充分发挥。近年来，围子街道孙斜村通过制定规划，抓牢基层党建，完善基础设施，壮大产业支撑等，不断加强美丽乡村建设。

以前的孙斜村，由于各种因素的叠加，主要存在着“三大难”。一是党员干部作用发挥难。因村党支部软弱涣散，党员干部奉献意识差、组织能力弱，党员干部整体呈现出不敢干、不能干、不会干、不愿干的局面，村民意见大、矛盾多、怨气盛。二是基础设施建设推进难。党员群众忙于个人生计，导致村集体经济薄弱，村公益事业资金支持乏力，出现了基础设施无人抓、无心抓、无法管的局面。三是基层组织效应体现难。原党支部管理制度不健全，组织形式松散，管理出现“盲区”，监督出现“空档”。活动形式单一，学习内容固化，党员参与积极性不高。由于“三大难”问题的存在，2019 年以前的孙斜村集体经济不足 5 万元，几乎无固定收入来源，年度综合目标考核排名长期位列全街道倒数行列，尤其是在年度人居环境整治评比中，孙斜村在围子街道 127 个村中排在倒数第 2 名，干群评价极差。

2019 年 5 月份，孙连伟接任村党支部书记，如何根治村庄的软弱涣散问题，破解党员群众的不满，成为摆在党支部面前最棘手的问题。上任以来，孙连伟带领一班人，创新开展党员管理项目化、群众服务网格化、各类组织管理功能化“三化”融合工作，推动支部强起来、党员聚起来、群众动起来、各类组织活起来，探索出了一条因地制宜、富有特色的过硬村庄建设新路子。

一、内化于心，党建引领深化拓展

一是支部开拓创新领着干。村党支部扎实推行“支部在一线，工作创一流”工作理念，在昌邑市率先探索出支部班子成员“先想、先学、先试、先闯、先干”“五先”工作法，并在规范落实党建基本制度的基础上，创新推出了“这些事我承诺”“这些事我遵守”“这些事要公开”“这些事要报告”等党群服务制度。现在，由该支部领建的昌邑市老年大学孙斜分校、党群教育“百家讲堂”、村“建馆修志”工程等工作均成为昌邑市农村基层党建的新品牌。2020 年 12 月，孙斜村党支部被评为潍坊市“过硬党支部”；孙连伟被省委组织部评为“担当作为好书记”。

二是党员主动认领抢着干。孙斜村深入推行党员管理项目化，积极推行党员认领项目制度，实行年底由群众参与评选党员认领优秀项目。这一举措的推行，使得原来一些“默默无闻”的党员也纷纷走到“台前”主动认领项目，极大地推动了广大党员在美丽乡村建设中的先锋模范作用。2020 年初，党支部将村里重点工作任务，细分为办黑板报、村史馆建设、改厕、户户通、扶贫等 10 大项目 100 余项工作，由党员积极认领、主动参与，全村 46 名党员主动认领大大小小各类工作 150 余次项。由于到位的推进机制，全村党员在各项认领工作中处处带头、事事争先，先锋作用不断凸显。

三是群众甩开膀子赛着干。孙斜村坚持把网格“自治自享”作为加强村级治理的重要路径，按照街、路、巷、房为界将全村划分为 8 个网格，以网格管理制度为抓手，把网格作为群众管理的平台、展示的舞台、竞争的擂台，科学运用“三台”评选出“斜子好人”，并大张旗鼓地上门挂牌，极大地调动起了全体村民的积极性，全村争先入党、争当“斜子好人”蔚然成风，真正“让旁观的你变成了行动的我”。

四是各类组织巧借东风比着干。孙斜村坚持“以文化人”，全力发动“38、54、61、99”（即妇女、青年、儿童、老人）一起上，在筹建巾帼会、青年连、儿童团、健康连，开办“斜子之声”，拍摄孙斜微电影，举办“庆祝建党 99 周年晚会”、文化赶大集、组织乡村文明成果展等活动的基础上，针对自身的弱项与短板，会同村委主动邀请司法、教育、团委、工会、妇联等单位到村里开展“订单”教育，精准培训，推动业务水平的极大提升，各类组织比着干，看谁先出成绩、看谁的成绩大，有力推动了各项团体活动的扎实开展。

二、外化于形，精心打造基础设施

一是切实改善群众生产生活条件。孙斜村党支部先后投资220多万元，扎实推进农村人居环境综合整治、户户通工程、农村厕所革命等重点惠民工作。对村东疏排水渠进行了彻底清理，并在水渠北侧定植绿化苗木300余株，村内先后种植绿化苗木900余棵，铺设下水管道1.5公里，粉刷墙面2.5万余平方米，绘制墙面文化500平方米，硬化村内道路2.4万余平方米，村庄累计完成改厕306余户，切实解决了垃圾处理、污水治理、村庄绿化、村道硬化、村容美化等突出问题，极大提升了老百姓的获得感、幸福感和满意度。

二是强化村内基础设施建设。2020年在市组织部及上级党委的帮助和策划下，历时56天完成了村委的旧房改造工作，提升了办事老百姓的归属感和幸福感，亮化了村内大街两侧的绿化。完成了涉高铁水井的封填工作，共完成封井19眼，累计完成民事调解80余起，建成新机井3眼，铺设高压输水管道1 200余米、电缆2 000余米，保证了高铁的顺利通车。

三、点面结合，带动群众增收致富

村党支部通过采取一系列过硬措施，从2020年7月份开展重点工作攻坚行动以来，村党支部带领打头阵，全村老少齐上阵，大干60天，各项工作发生了翻天覆地的变化，赢得了党员群众的交口称赞。

一是在推动经济社会发展方面发挥了引领作用。孙斜村党支部立足村情实际，积极盘活利用村内土地，成立昌邑市融诚物业服务有限公司、“巧孙斜”手工艺品制作销售公司等企业，“孙斜萝卜”种植合作社、孙斜现代农业合作社等机构先后挂牌，极大推动了集约化、规模化的农业发展，增加了集体经济收入。2020年孙斜村集体经济收入20余万元。

二是在促进农民增收方面发挥了积极作用。孙斜村依托村党支部领办的合作社，通过邀请农业种植专家、电商技术人员，帮助群众了解最新的农业种植技术，让群众都会用“技术”种植、卖货，为村民创造更多的就业机会和创业条件，有效增加了群众种植效益。

于家部村发展壮大集体经济加快推进乡村振兴

于家部村全村150户，528人，党员27人。近年来，在上级党委政府和围子街道党工委、办事处的正确领导下，积极实施乡村振兴战略，按照“产业兴旺、生态宜居、乡风文明、治理有效、生活富裕”的总体要求，大力发展壮大村级集体经济，持续优化村庄生态环境，深入乡村文明行动、加强基层组织建设、促进农民群众脱贫致富，实现了“村级增收、农民致富、基层稳定”的目标。于家部村先后被评为“山东省文明村”“村镇建设明星村”“平安潍坊建设先进单位”“潍坊小城镇建设先进村”“潍坊市新农村建设带头村”“昌邑市新农村建设先进单位”“十化文明村”等荣誉称号。

一、主要做法

一是坚持把配强支部作为加快发展村级集体经济的根本保证。农村要致富，关键在支部。按照“靠得住、有本事、群众公认”的原则，围子街道党工委坚持把政治坚定、思维活跃、能带领群众致富的经济能人选进村级基层组织中来，为发展壮大村级集体经济、实现产业兴旺提供坚强的组织保障。1983年，邢胜辉担任了村党支部书记，在他的带领下，支部一班人艰苦创业，大力发展村办企业，发展壮大村集体经济。

二是不断放大产业优势，使之成为加快发展村级集体经济的基本方法。纺织印染产业是我市的传统支柱产业。于家部村根据自然条件、资源禀赋、区位交通、发展基础等情况，按照“市场导向、因地制宜、彰显特色”的要求，依托建立棉纺厂的产业基础，大力发展棉花纺织。20世纪80年代，正值改革开放初期，因为具有超前的眼光，加之发展起步较早，产品很快打开市场，面纱产品供不应求，为村集体经济的发展奠定了坚实的基础。2011年，又新建钢结构车间，安装配套了先进的清花、梳棉机，细纱机数量达到76

台套，总生产规模达到3.6万纱锭，成为全市规模最大的棉纺厂家之一，也是潍坊市唯一一家未改制的村办集体企业。

三是坚持把精神文明建设作为促进村庄和谐稳定的重要突破口。于家部村在实现了村集体经济大发展，村民富裕程度大幅提升、物质上充分满足的同时，同步抓好精神文明建设。一方面大力传承弘扬传统孝德文化。始终坚持把传承弘扬孝德文化作为提升村民文明素质的有力抓手，教育引导广大村民在思想上重视孝德文化，在生活中践行孝德文化，在工作上推进孝德文化，村庄尊老敬老的新风尚蔚然成风。该村从1995年开始，为全村60岁以上老人建立了健康档案，定期组织老人查体；60岁以上老人每人每年发放养老金2 000元，并可入住村里统一建设的老年公寓安度晚年；为60岁以上老人统一购买银龄安康意外保险，切实保障了老年人的日常生活。另一方面，积极实施“文化惠民工程”。村集体不断加大投入，加快文化事业和公共文化服务体系建设，先后建起了图书室、文化大院、健身广场等，组建了秧歌队和文艺宣传队，初步构建起公共文化服务网络，极大地丰富了群众文化生活。同时，以文化建设促进乡村文明建设，以“道德大讲堂”为载体，整合文化资源，创新体制机制，通过授课、交流、评选“好媳妇”“好婆婆”“道德标兵”等形式，引导广大群众自觉践行社会主义核心价值观，全面提高全民文化水平和理论素质，营造了整洁、舒适、文明、和谐的乡村生活环境，为建设社会主义新农村奠定了基础。

二、取得成效

一是村庄集体经济强。通过大力发展村集体企业，村集体经济实现跨越发展、持续健康发展，真正实现了村庄强、群众富。2017年村办企业实现主营业务收入6 000万元，利税260万元。村民们和城里人一样，实现家门口打工上班，在村集体企业打工村民仅此一项，每年可实现工资性收入3~4万元。村里还每年拿出专项资金60余万元，用于村民各种福利发放，落户满三年以上的60岁以下居民每人每年发放福利费400元，春节、中秋节、清明节等中国传统节日，为村民发放米面油、鱼肉等生活必需品。

二是村庄环境优美。村集体和村民富裕了，更要让群众得到实惠。2006年，在广泛征求群众意见的基础上，村“两委”积极响应国家建设社会主义新农村的指示精神，立足高起点规划、高标准建设，对村庄重新科学合理布局，建设瑞丰门、昌盛门等拱门，为

57 户村民建别墅联体二层楼房。此外，投资 200 余万元，对村 6 条主街、1 条环村路和 11 条巷子共计 5 000 多米路面全部硬化，安装了美观大方的路灯，两侧修建了排水沟、护栏，并栽植绿化树木 1 000 余株，极大改善村民居住环境，达到了绿化、美化、亮化，使该村成为“花园式村庄”。

三是教育水平较高。百年大计，教育为本。近年来，于家部村传承重视教育的传统，大力提升群众素质。为切实提高农村教学水平和办学条件，2006 年，村集体拿出 260 万元，在育秀中学原址新建了高标准教学楼育秀学校，新校建筑面积 1 938 平方米，辐射和方便周边八个村的农村学生就近入学。于家部村对本村处于义务教育阶段的学生，每人每年给予 100 元补助。

龙池镇以红色文旅助力乡村振兴

龙池镇位于昌邑市西北部，北临渤海，东望青岛，西接潍坊，总面积182平方公里，辖27个行政村，8 286户，人口2.49万，耕地面积4 000公顷。龙池镇区位优势明显，交通条件便利。龙池镇距潍坊市区40公里，东接青岛、烟台，位于潍坊、青岛、烟台三市交汇处，距青岛市区160公里，距烟台市区240公里，整个山东半岛环渤海区域均在其辐射范围内。辖区内荣乌高速、大莱龙铁路等交通干线横贯东西，路网密布、运行通畅。

近年来，龙池镇立足红色资源优势，深挖文化发展潜能，全面启动红色文旅小镇建设，提升文旅产业的厚度和内涵，打造党性教育综合体，让革命旧居“活”起来，让历史故事“立”起来，让外来游客“动”起来，引领以红色基因弘扬和传承为主线的转型发展之路。通过推行整镇式的红色产业发展，有效引导区域综合开发，打造了融合红色旅游、特色餐饮、乡村民宿、康养医疗、休闲度假于一体的红色文旅小镇，让游客既“来得了”更“留得下”，形成了红色文旅资源与经济社会发展的良性互动，探索出红色文旅带动“红色经济”蓬勃发展的乡村振兴“龙池模式”。

一、创新动因

龙池镇属革命老区，历史文化厚重，红色印记众多，昌邑第一支抗日武装在这里诞生，八路军鲁东游击第七支队在这里组建，昌邑县第一届人民政府在这里成立，素有昌邑“小延安”之称。特别是马渠村，长期作为昌北县委驻地，是保卫通往延安“红色交通线”的指挥中心，在革命战争年代，为保卫县委县政府和“渤海走廊”做出了卓越贡献。目前，龙池共有孙膑庙、陈干墓、齐西故居群等5处历史文化遗迹被评为省级文物保护单位，昌邑县抗日殉国烈士祠入围全国重点文物保护单位，实现了昌邑市国保单位“零”的突破，发展红色文旅产业具有天然的资源优势。

与此同时，红色文化旅游项目的发展，特别是乡镇一级的文旅产业往往受体量、区位、流动人口、消费能力等因素的制约，面临着投入高、成长慢、回报低的尴尬，易导致项目闲置、利用率不高等情况的出现，既浪费了各种要素资源，又对政府工作造成了影响。龙池镇始终坚持尊重实际、统筹规划、整体推进、确保实效的文旅发展思路，在民生结合上动脑筋、在项目见效上下功夫、在促进发展上想办法，各项目综合性强、关联度高、体验性好，成为切切实实催动经济社会发展的“源头活水”，激发了乡村振兴新动能，打造出了特色文旅产业的“龙池样板”。

二、工作做法

（一）深挖潜力，留存记忆，“建馆修志”凝聚思想认同。着眼于文化底蕴深厚、革命历史悠久、红色印记众多、仁人志士辈出的实际，龙池把握乡村振兴战略发展契机，紧扣乡村文化振兴发展主线，深挖历史文化和革命传统资源，全面推进红色村史馆群建设和村志编修工作，打造了一批主题突出、内涵丰富、特色鲜明的红色村史馆，开发出一大批底蕴厚重、乡土味浓的红色村志。一是建好红色村史馆。邀请党建和传统文化专家现场论证指导，成立专门工作领导小组，组织力量广泛搜集全镇 27 个村历史渊源、人文构成、风俗习惯、人物事迹等情况。建设中坚持分类推进，采取现有场所改造提升、集中连片开发村庄预留、有条件的改扩建和企业、学校联办等方式，一馆一策，稳步推进。目前，已建成 6 个红色村史馆，有 13 个正在规划建设，计划用 3 年时间全部建成村史馆；群众捐献各种革命历史文物 48 套（件）、提供重要史料材料 78 篇，撰写回忆录 17 篇。二是编修红色志书。紧扣选人用人、材料搜集、编辑整理三个关键点布局编志工作，由全国唯一以出版地方志为主的国家级出版机构——方志出版社全权负责龙池镇志编纂，并对各村村志编修工作进行统一指导。全面启动镇村两级档案整理工作，聘请专业团队，对镇政府和各村存放的近三十年的档案进行集中统一整理，共整理出涉及党建、经济、文化、生活各个方面的镇级档案 360 余卷，村级档案 210 余卷。目前，《中国名镇志·龙池镇志》已完成终审，齐西、北白塔等 18 个村村志完成初稿，镇村志编修工作即将全面完成。三是做好结合文章。以红色村史馆为主阵地，以编修村志为载体，举办文化下乡、村史展览、红色旅游等活动，带动党员群众近距离感悟红色文化、优秀传承，着力营造崇尚英模、弘扬正气的浓厚氛围。目前，已组建红色村史宣传队 8 支，带动新增乡村文化活动 200 余个。此外，把红色村史馆建设、红色村志编修作为过硬支部建设的重要抓手，加大力量下沉、经费保障、优化配置和资源共享力度，带动提升基层支部阵地建设和党员教育管理服务。目前，已建村史馆所在支部全部被评为先进基层党组织，党员表彰、纳新及贡献比率均为同比最高。

（二）党教引领、融合创新，“红色龙池”成为特色品牌。深入挖掘昌北人民保卫“渤海走廊”的光辉革命历史，打造了以“渤海走廊”革命斗争陈列馆为核心，整合周边红色文化展览中心、抗日战争纪念馆、红色马渠政德政风教育基地、齐氏家风家训馆、瓦东村过硬支部村史馆及陈干纪念馆等 6 处教育基地，形成了半径 3 公里的教育基地聚集圈，构建起融家风家训、爱国主义、党史党性、政德政风“四位一体”的红色文旅党性教育综合体。一是挖掘革命斗争史，打造红色教育核心基地。会同昌邑市委组织部深度挖掘渤海走廊革命斗争史，建成以“信仰”为主题的“渤海走廊革命斗争陈列馆”，集中再现昌邑、潍县、寿光北部地区军民为保卫“渤海走廊”所进行的伟大斗争。该馆自开馆以来，已接待省内外 4 万余人参观学习，成为承接潍坊市“使命·担当”主题教育基地的重点展馆。二是依托齐西古村落，打造家风家训教育基地。以齐西村清朝民居群为中心，整修村内古道、胡同、古建筑，建设民俗馆、剪纸馆等特色文化展示馆，修建齐氏村史馆，传承齐氏家族“忠孝、诚信、厚德、重义”家训。三是围绕殉国烈士祠，打造爱国主义教育基地。投资 200 万元对烈士祠进行保护性修缮，拍摄《渤海英魂》微电影。争取上级文物保护资金，对陈干墓园、陈氏家庙进行修缮，建成陈干将军生平陈列馆，举办纪念陈干将军逝世九十周年活动。四是立足红色收藏馆，打造党史党性教育基地。注册成立全武红色文化收藏博物馆，馆内设展厅 20 间，展示从革命战争年代至新中国成立以来的红色书籍、影像、生活用品、毛主席徽章、画作等藏品十万余件。目前，月接待参观 2 000 余人。五是聚焦马渠老革命，打造政德政风教育基地。以马渠村红色文化和老革命为重点，建设红色村史馆，重修昌邑市委和宣传部旧址，整修马渠村名人故居、赁铺胡同，修缮魏孔举、魏坚毅等名人故居，并由中央党校教授指导开发 3 个教学课题。

（三）丰富形式、延展链条，“文旅组团”形成良性循环。坚定走文化强镇战略，抢抓市委党校、中小学生综合实践活动基地落户的有利时机，结合独有资源，打好红色文旅牌，各文化项目“攥指成拳”整体提升，延伸产业上下游，让文化搭台经济唱戏，实现红色文旅资源和产业化运营的有机结合。一是谋划引领。坚持高点谋划、高位推进，善用

“外援”，巧引“活水”，邀请中国城市联盟专家为小镇建设进行整体规划，召开“红色文旅产业运营座谈会”，整合 10 余家组织和企业产业资源，举办“文旅项目调研和座谈活动”，邀请各级专家为全域旅游“把脉问诊”。二是丰富业态。建设了“齐氏牛街”“龙乡客栈”“白塔公园”“马渠战廊”四处红色文旅片区，引入特色餐厅，规划“吃、住、学、游、购”精品路线，形成以渤海走廊红色交通线为龙头，特色景点深度体验为组团，集文化旅游、生态游览、教育培训、主题娱乐等多功能于一体的红色文化旅游示范基地。其中，“白塔公园”项目打造集教育实践、休闲观光、写生垂钓于一体的红色文旅景区；“齐氏牛街”项目开发全牛宴、牛杂汤、牛肉包、进士宴、牛肉火锅烧烤、牛肉熟食专卖等特色美食，打造成为昌邑美食新地标；“龙乡客栈”项目将展览销售昌邑市特色产品和红色文创作品，提供 1 000 余人团餐，进一步丰富龙池文旅消费业态。三是群众参与。连续成功举办四届龙乡文化节，在人民大会堂召开新闻发布会，每年文化节期间举办摄影比赛、书画展、文艺展演等 20 多项丰富多彩的文化活动，提升群众参与热情，成为昌邑市最具名气的节会活动品牌之一。

三、工作成效

红色文旅产业的不断升级，让龙池实现了“红色资源利用好，红色精神发扬好，红色基因传承好”的工作目标，不仅打造了新的经济增长点、人文新高地、党教新地标，更在发展的各个领域发挥着“润物细无声”的作用，有效凝聚了思想共识，推动重点工作攻坚和乡村有序治理，成为带动乡村振兴的有效途径。该做法先后被中央电视台、农民日报、大众日报等上级主流媒体宣传报道 50 余次，入选中国乡村振兴先锋榜十大榜样。

一是红色经济带动明显。放大龙池文旅生态资源优势，坚持多元化发展，扩大中草药种植，提升艺源丹参、利渔小米、魏记香油等明星农产品影响力，对利渔蜜薯、艺源黑小麦进行有机产品认证，打造龙池特色农产品品牌，各类特色农产品走进绿博会、龙乡文化节、黄元御中医药文化节等展会，拓展了群众增收渠道。借力文旅发展，全年接待各地各部门考察学习团队 700 余批次，接待游客 10 万余人次，带动消费效应凸显。

二是乡村治理有序推进。深入开展农村人居环境整治，清运“三大堆”及生活垃圾 3.5 万吨，清理残垣断壁 821 处，绿化植树 3.3 万棵，24 个村通过高标准验收。大力开展旱厕改造、户户通、农村污水治理等工作，全镇 27 个村圆满完成 2020 年度改厕任务；15 个村全面完成“户户通”，最后 2 个村进入收尾阶段；清理湾塘 32 处，清理河道干渠 8 000 余米，东利渔村在全市率先完成污水改造试点工程。用绣花功夫推进脱贫攻坚，设置民政、住房、饮水、医疗等 9 个工作专班，建立问题台账，在 2019 年昌邑市精准扶贫满意度电话调查中，龙池镇位列第一名。集全市之力整体搬迁王家庄子村，高标准建设搬迁安置区泰兴花园，预计 2021 年 8 月份达到居住条件。

三是乡风文明持续改善。把开展红色教育作为实施乡村有效治理的新方式、新路径，弘扬新风正气，丰富群众精神生活，促进了乡村和谐稳定。大力推进移风易俗，推动村风民风转变，近两年新增 4 个特色旅游村、生态文明村，7 个村创建为和谐文明村，70% 的村镇达到市级及以上文明村镇标准。坚决打好防范化解重大风险攻坚战，积极构建和谐稳定的社会环境，连续七年没有非访、到京群体访情况发生，综治维稳成效显著。

柳疃镇五大振兴同步发力 促进乡村振兴高质量发展

柳疃镇是著名的“丝绸之乡”“中国丝绸文化之乡”，是近代中国海上丝绸之路的起点之一，先后荣获全国文明镇、全国重点镇、全国生态镇、国家小城镇经济综合开发示范镇、山东省重点示范镇、山东省“百镇建设示范行动”示范镇、山东省产业化驱动城镇化十强镇、省级文化特色建设示范镇、省级园林城镇、省级创业型乡镇等荣誉称号。近年来，柳疃镇在市委、市政府的正确领导下，坚持以习近平新时代中国特色社会主义思想为指导，深入贯彻落实党的十九大和十九届二中、三中、四中、五中全会精神，聚焦聚力推进乡村振兴，解放思想、开拓创新、务实奋进，各项工作均取得了良好成效。

一是聚焦产业振兴，壮大产业实力。

工业上，坚持工业立镇、工业强镇不动摇，做大做强实体经济。规模以上工业企业39家，年产值30多亿元。纺织印染产业年产丝绸、纯棉、化纤等各类布匹20亿米，是江北最大的装饰布生产基地和棉纺织品交易市场。超纤产业异军突起，年产绒面超纤3 800多万米，年产值16亿元，占全国90%的市场份额。盐及盐化工产业全部实现溴盐联产，共有盐田42万公亩，年产原盐225万吨、溴素1.1万吨。2020年新签约项目16个，总投资48.9亿元，利用外资797.3万美元，认定到位资金9 400万元。雅拉生态食品产业园屠宰肉牛7 275头，规模化、连续化生产能力进一步增强；宏丰新材料高档纺织面料项目、瑞同祥家纺高档毛巾面料项目已完成车间建设和设备安装，开始试生产；亿兴超纤项目正在进行车间改造，华灿超纤已完成主体工程建设，联鲁超纤、新开元印染退城进园项目正在进行主体工程建设。

农业上，以粮食安全为核心，贯彻落实“藏粮于地、藏粮于技”战略，牢牢巩固农业基础安全地位。大力发展现代农业，建设青阜农业综合体，流转托管土地10.2万亩，发展生态农业、智慧农业、观光农业、循环农业，建设“智能控制”“科研培育”“农耕文化展示”“教育培训”四个中心和“七彩五甲”“柳塘青阜”“希望田野”“北海绿洲”四大组团，打造了农文旅融合发展的现代农业发展综合体，已成为山东省土地经营规模最大、机械化程度最高、基础设施配套最全的现代农业项目，打造了省内知名的“青阜农业模式”，2020年潍坊市春季农业现场会、山东省政府与社会资本（PPP）助力乡村振兴战略现场会在此召开。加快推进特色农业小镇建设，以爱客斯轮果业科技有限公司为支撑建设“桑葚小镇”，培育农业田园综合体；以和田旺科技为支撑打造“西红柿小镇”，打响特色西红柿品牌；以特色樱桃、黄桃种植为切入点，培育“樱桃小镇”“黄桃小镇”，形成小组团式的特色农业格局。

二是聚焦人才振兴，强化招才引智。

积极实施高端人才引领工程，根据产业发展现状，围绕现代种植业、农产品精深加工等现代高效农业重点项目，集中资源引进掌握关键核心技术的领军型人才。依托青阜农业加强与科研院所、高等院校的紧密联系合作，先后与中科院青岛能源与过程研究所等联合承担了“渤海粮仓”示范工程项目、山东省重点科研计划、潍坊科技计划等课题项目，合作建成“潍坊市盐碱地绿色开发工程技术中心”，组建了由周功克、付春祥等16名兼职专家参与的研发团队，建成200亩盐碱地芒草试验基地，中国农科院国家农综区麻类作物产业研究中心海水麻种植基地在青阜农业设立种植基地，与山东省农业农村厅农技推广总站、山东省农业科学院合作，设立鲜食玉米产业技术研究院和盐碱地循环农业产业技术研究院。充分利用各种对接会、交流会等渠道，积极宣传解读我市人才新政，帮助企业吸引支持企业家、党政干部、专家学者、技能人才等通过下乡担任志愿者、投资兴业、包村包项目、捐资捐物等方式，参与到乡村振兴伟大事业中来。持续跟进高端人才（团队）引进工作，2020年引进C类人才2名，B类人才1名，双一流博士4名，本土青年人才130名，为全镇产业发展提供了强有力的人才保障。深入实施“人才政策定向宣传”工程，立足柳疃镇纺织印染企业人才引进短板和政策服务“盲区”，邀请上级有关部门单位与企业开展交流沟通，实现上门服务，问需进企，帮助企业解决人才招引问题。加强新型职业农民培育，优化农业从业者结构，组织家庭农场经营者、农民合作社带头人、农业企业骨干等生产经营型职业农民进行系统化、专业化、高端化培训，提升涉农企业经营管理、专业技术水平。坚持把论文写在大地上，将成果留在田野中，搭建田间课堂，通过科教融合、产学研合作，积极推进农业先进技术及成果的应用，大力培养农村乡土技术人才，建立了固定与流动相结合的技术人员服务队伍，带动农民增收，推进美丽乡村建设。

三是聚焦文化振兴，弘扬优秀文化。

以丝绸文化为主线，深入挖掘柳疃丝绸历史，建设以桑蚕体验为主题的果桑、叶桑种植区，成功举办两届丝绸文化节和三届桑葚采摘节暨群众文化艺术节；建设以文化创意为主题的“丝路绸语”文化创意园区，打造了产业孵化、文化展示、休闲娱乐、研学体验“四大板块”，建设了一处环境优美、生活舒适、人文气息浓厚的混合型文化创意园区，成为推动乡村振兴的强大引擎；建设以丝绸历史展示为主题的丝绸文化博物馆，设置 11 个展厅和 1 个方志馆，征集文物古籍 3 万余件，再现柳疃丝绸的历史沿革和发展历程，丰富了柳疃丝绸文化内涵；建设山东省首个侨史馆——潍坊侨史馆，入选首批“山东省华侨国际文化基地”。实施“丝路原点、锦绣龙河”项目，推进龙河的开发与保护，打造独具柳疃特色的文化旅游产业。挖掘红色文化，建成徐迈事迹陈列馆、红色丝绸之路展厅、廉政文化广场等，以红色教育为主题的文化馆蓬勃兴起。积极推进村史馆建设，全镇 72 个村全部建成村史馆，丰富乡愁记忆文化。群众性文化活动丰富多彩，村村成立起文艺演出队，郭家庄打秧歌是潍坊市第四批非物质文化遗产，锣鼓秧歌、广场舞、交谊舞等演出活动丰富多彩，高隆盛龙河大戏台、玉皇庙、孙家河滩等村的演出舞台，成为群众文化活动中心。

四是聚焦生态振兴，擦亮发展底色。

坚持让绿色成为发展的永恒底色，实施“丝路原点 · 锦绣龙河”项目一期、三期工程，建设了“烟柳水岸”“龙溪湿地”两大沿河景观，打造了一条 6.8 千米长的小龙河生态湿地长廊。全域推进美丽镇村建设，以建设园林城镇为目标，打造高低搭配、疏朗通透的绿化景观，2020 年新栽植绿化苗木 3 万多株，种植地被花草 60 多万棵，铺设草坪 2.2 万平方米，新增绿地 15.3 万平方米；实施农村人居环境整治工程和“千百湾塘”综合整治工程，72 个村全部完成了“五化”提升，开辟“微花坛”470 多个，“爱心菜园”“开心农场”等 40 余处，对全镇 300 多个湾塘进行了整治，打造村庄“水生态”。从严从实抓牢生态环境工作，集中精力解决燃煤锅炉取缔、“三废”处理、农业面源污染、河道海域整治等问题，镇域生态环境持续向好。

五是聚焦组织振兴，夯实组织保障。

实行“揭榜挂帅”制度，修订完善机关、社区、村考核办法，月月排名通报，奖罚分明，树立鲜明的工作导向和用人导向，营造实干者实惠、吃苦者吃香的工作氛围，形成你追我赶、创先争优的格局，夯实乡村振兴组织基础。加强村干部队伍建设，举办基层党组织书记乡村振兴专题培训班 2 次，帮助各村党组织书记进一步转变思维、开拓视野、提升境界，学习借鉴先进地区乡村振兴工作经验，实现学思结合、知行合一；扎实做好村“两委”换届分析研判工作，选优配强村干部队伍，提升村两委班子民主议事、务实办事和服务群众三种能力，夯实农村工作基础；实施村集体增收“六个一”工程，全镇 72 个村村集体收入全部达到 5 万元以上。加强企业家队伍建设，通过政策扶持、资金支持，帮助想发展、能发展的企业家实现大发展、跨越发展。创新党建引领发展模式，按照地缘相近、人文相亲、产业相仿、发展相依和试点先行的原则，实施产业集群党建，变“单个组建”为“产业联建”，整合资源，打造融合共建、开放共享、联动共赢的“党建链”“产业链”，实现信息共享，聚焦人才招引和品牌创建，做大做强丝绸纺织超纤产业，做大做强青阜农业综合体，全力助推乡村振兴和经济社会高质量发展。

青阜农业综合体开创出了农业农村现代化的青阜之路

加快农业农村现代化是我们党在现代化建设新阶段对“三农”工作作出的重大部署，具有鲜明的时代特征和重大的实践意义。柳疃镇青阜村深度融入国家农综区建设，解放思想、抢抓机遇，超前谋划、先行先试，创新推行“村企社共建”模式，坚持以粮食生产为核心，以共同富裕为目标，以多元化投入、链条化打造、绿色化发展为重点，将农业现代化与农村现代化同谋划、同部署、同推进，打造的青阜农业综合体成为山东省土地经营规模最大、机械化程度最高、基础设施配套最全的现代农业项目，趟出了一条农业提质增效、农村美丽宜居、农民增收致富的乡村振兴新路子，形成了农业农村现代化的“青阜样板”。

一、藏粮于地、藏粮于技，坚决扛牢维护粮食安全政治责任在这里得到了生动实践

粮食事关国运民生，粮食安全是国家安全的重要基础。习近平总书记多次强调，要确保中国人的饭碗任何时候都要牢牢端在自己手上，饭碗应该主要装中国粮；要保住中华民族的“铁饭碗”。青阜农业综合体以打造“天下粮仓”为目标，首要功能定位就是提升粮食产量、保障粮食安全。一是推动规模种植，做好耕地文章，从源头上提高产量。今年的中央一号文件提出健全土地经营权流转服务体系，在这方面青阜农业综合体已经形成了成熟的经验。青阜农业综合体采用“龙头企业 + 合作社 + 基地 + 农户”的“村企社共建”经营模式，开展全程社会化服务，通过土地流转和土地托管两种方式整合土地资源，进行大规模标准化经营。目前，整村土地流转村庄达到 15 个，全部流转托管土地达到 6 800 平方米，大力推行小麦、玉米、大豆等作物规模化经营、标准化生产、机械化作业，大大

提高了种植生产、经营管理的规模化、集约化水平。二是发展智慧农业，做好管理文章，从生产上提高产量。围绕为农业插上科技的翅膀，青阜农业综合体投资 2 500 多万元建设了青乡为农服务中心，配套建设大数据智控中心，将水肥一体化、温湿度检测、光照指数等数据资料统一收集、汇总研判，用大数据为农业生产提供专业性、精准化的技术指导。在智慧化管理的同时加强精细化、高标准管理，以先期建设 1 400 万平方米高标准农田（粮食）示范区为样板，引领带动全部土地实施高标准农田建设，示范区内粮食亩均增产 200 公斤以上。三是联合院所攻关，做好研发文章，从技术上提高产量。农业现代化，种子是基础。青阜农业综合体依托规模化种植的优势，主动加强与科研院所合作，通过提高改良生产技术促进粮食作物增收。与青岛农业大学合作设立抗病虫害小麦育种基地，积极开展良种培育等核心技术攻关，与山东省农业科学院合作设立鲜食玉米产业技术研究院，承担 1 333 万平方米“山东省农业重大有害生物专业化防控体系建设昌邑示范区”任务，建立病虫害防治实验室，病虫害发生率下降 60%，为实现粮食丰收夯实了基础。四是破解瓶颈制约，做好保障文章，从基础上提高产量。聚焦“水”“土壤”等影响生产的要素，主动破解难题，全方位做好配套，全面提升生产能力。青阜农业综合体针对当地缺水的实际，投资 1.7 亿元，建设园区道路，实施潍河引水、群井汇流和海绵村庄工程，铺设灌溉管道 36 公里，打机井 40 眼，修建蓄水库 27 个，综合蓄水能力达到 400 万立方米，将雨季降水收集到水库中，实现了排涝、蓄水双效同步，满足了农田灌溉需求。青阜农业综合体与中科院青岛生物能源与过程研究所、中科院海洋研究所等科研院所开展合作，设立盐碱地改良和病虫害防治实验室，通过深翻压碱、提取地下卤水等方式，使昔日 1 667 万平方米颗粒无收的“盐碱滩”变成了如今盈车嘉穗的“吨粮田”，亩均增收 1 000 多元，大大提高土地利用价值。

二、推进一二三产业融合发展，打造农业全产业链，现代乡村产业体系在这里初具规模

促进农村一二三产业融合发展，是实施乡村振兴战略、加快推进农业农村现代化、促进城乡融合发展的重要举措，是推动农业增效、农村繁荣、农民增收的重要途径。青阜农业综合体顺应产业结构、消费结构升级需求，在做大做强现代农业的基础上，坚持粮经饲

统筹、农牧结合、种养加一体、一二三产业融合的发展思路，积极发展面粉加工、秸秆饲料加工、杂粮包装销售等产业，推动线上线下联动运营，加快产业、生态、文化、旅游融合发展，趟出了一条生产、加工、经营三位一体的可持续发展路子。一是以“农业＋企业”为结合点，提升产品附加值。青阜农业综合体以“粮头食尾”“农头工尾”为抓手，紧盯农产品深加工领域，与相关企业进行深入合作，发展面粉加工、秸秆饲料加工、苜蓿青贮加工、杂粮加工销售等产业，开发“青阜农业”系列农产品，“天然面粉”深受消费者欢迎，秸秆饲料加工、苜蓿青贮加工每年收益达 1 800 多万元，真正将农产品变成了商品、将商品变成了品牌，农产品附加值大幅提高。二是以“农业＋研学”为结合点，实现服务零距离。今年中央一号文件指出“面向农民就业创业需求，发展职业技术教育与技能培训，建设一批产教融合基地”。青阜农业综合体很早就成立“田间课堂”，开展线上线下联动授学，进行农业技术普惠性教育，带动提升了周边村民及外地农业技术人员种植技术，及时将前沿农业技术转化为实践，打造了农业普惠教育新业态。另外，青阜农业综合体将原青阜印染厂进行提升改造，建设智能控制中心、科研培育中心、农耕文化展示中心、教育培训中心，设置大数据智能控制、农业科研与良种培育、农耕文化传承展示、职业农民培训等板块，建设农业研学综合活动基地，实现了技术培训面对面、服务群众零距离。三是以“农业＋旅游”为结合点，丰富城乡新生活。围绕发展休闲旅游业，青阜农业综合体实施了“阜地沃波”“稻香渔歌”项目，种植水稻、莲藕等，放养鱼苗、龙虾等水生动物，设置木栈道、水车、稻田迷宫、草亭等景观节点，发展休闲垂钓、亲子教育等经营活动，在保证水域收益的基础上增加观赏性和体验性，寓农于旅，吸引城市家庭前来休闲游玩。同时，以纯天然无公害为卖点，开发特色美食，吸引游客前来观光品尝，打造了集观光旅游、休闲娱乐、餐饮服务于一体的乡村旅游目的地。四是以“农业＋互联网”为结合点，拓展发展新路径。发展“互联网＋”现代农业，是提高农业发展质量和效益、促进农民增收的重要举措。青阜农业综合体始终把信息化作为农业现代化的一个重要制高点，加快实施“互联网＋”工程，对接全国供销社“供销 e 家”及省、市供销社电子商务平台，建设农资、农产品社区 2 个电商平台，逐步打造了“网络＋实体＋配送”服务模式，推动了线上线下联动运营，有效地开拓了市场、增加了销量，2019 年以来实现线上销售收入 1 600 多万元。五是以“农业＋节会”为结合点，搭建文化交流新平台。举办农业节会不仅可以壮大特色产业、丰富文化内涵、打响农产品品牌，还可以营造开放合作、互利共赢的营商环境，提升村庄知名度、美誉度，为推动乡村振兴带来机遇。青阜农业公社依托产业优势和资源禀赋，积极对接争取潍坊市农民丰收节等上级节会，自主筹备“苜蓿美食节”等特色节会，以节会为媒，展示科技强农新成果、产业发展新成就、乡村振兴新面貌，形成了吸引游客、聚集人气、交流信息、汇聚资金的节会效应，创造了良好的经济效益和社会效益。

三、工业反哺农业，政府与社会资本合作，多元化投入在这里收获丰硕成果

乡村振兴是大战略，需要真金白银的投入，解决好“钱从哪里来”是实现农业农村现代化的关键问题。青阜农业综合体在发展过程中，得到了工业企业反哺、社会资本参与、政策项目支持等多元化、全方位的优先发展投入保障，打造形成了资金投入融合支持农业农村发展的新格局。一是工业资本深度反哺。青阜农业综合体发起人孙德东作为昌邑本土企业家，顺应工业反哺农业新发展阶段的新特征、新要求，将经营盐化企业积累的工业资本投入到青阜农业建设中，累计投入资金 3 亿多元，大力推进规模化生产、集约化经营、社会化服务，促进了区域农业做大做强。二是社会资本广泛参与。青阜农业综合体借助政府与社会资本合作（PPP）助力乡村振兴战略东风，积极吸引各类金融资本、社会力量参与青阜农业项目建设和运营，建立使用者付费回报机制，采用 BOO（建设—拥有—运营）模式进行运作，大大节约了项目建设投入成本，趟出一条政府与社会资本合作助力乡村振兴的新路径，财政部与山东省财政厅共同举办的政府和社会资本合作助力乡村振兴战略现场会在此召开。三是政策项目鼎力支持。青阜农业综合体通过实施高标准农田、渤海粮仓科技示范工程、节水灌溉等项目，建成高标准农田 867 万平方米，获得资金支持 1 000 多万元；每年能够获得小麦、大豆等种粮补贴 300 多万元。多元化投入机制撬动更多资金投入到青阜农业综合体建设，为机械购置、配套设施、规模化经营提供了资金保障。仅在生产设备方面，青阜农业综合体就投资 1.2 亿元购置大型拖拉机、智能配肥机、植保无人机等国内外先进农机装备 300 台（套），投资 1 000 万元建设了日烘干能力 1 050 吨的粮食烘干塔和 5 000 平方米的粮食储存库，形成了耕、种、管、收、烘、储、销一条龙社会化生产经营服务体系，提升了大规模、标准化经营的能力。

四、坚持农业绿色发展与农村环境综合整治有机结合，提升文明素质，农业农村现代化在这里形成雏形

绿水青山就是金山银山，环境好了，生活才能更好。青阜农业综合体聚焦生产方式、路网林网、人居环境、乡风文明等重点，做好“加”“减”“乘”“除”四篇文章，为广阔田野铺上浓浓绿意，描绘出一幅可望可及的现代农村绿色画卷。一是做好化肥农药“减法”，持续推进农业生产绿色发展。针对传统种植模式带来的化肥、农药等污染和水资源浪费问题，实施“沃土工程”，切实推进肥料使用减量增效，全部采用测土配方施肥技术、水肥一体化技术和滴灌、微喷等高效节水灌溉技术，根据农作物需求对农田水分和养分进行综合调控和一体化管理，智能配肥面积达到 3 万亩，水肥一体化灌溉农田 2 000 万平方米，实现节水 50% 以上，肥料有效利用率提高 30% 以上，每年节约种植成本 1 800 多万元。二是做好路网林网“加法”，持续推进农田生态环境改善。青阜农业综合体把农田路网、林网建设作为提高农业生产效率、促进农业可持续发展的先决条件，科学规划、合理布局，先后投资 1 200 万元，新建、整修农田道路 36 公里，植树 100 余万棵，打造了三纵十一横的农田路网林网框架，进一步完善了农田林网体系，构建了脉络清晰、条块分明的种植格局和大田景观。三是做好宜居宜业“乘法”，持续推进农村人居环境建设。青阜农业综合体将增收的村集体收入投入到村庄建设上，立足实际，因地制宜，注重内外兼修，坚持建管并重，打造了整洁村庄。以青阜村为例，投资 100 多万元新修道路 1 200 米，安装中国风路灯 86 盏，栽植绿化苗木 3 000 多棵，打造休闲公园 2 处，村庄道路硬化率、亮化率、环卫托管率均达到 100%，绿化率达到 65%，卫生厕所改造率达到 95%，一改过去“脏乱差”的老面孔，村庄干净整洁、井然有序，旧貌换新颜，村庄的外在颜值和内在气质不断提升。四是做好除弊布新“除法”，持续推进乡风民风转变。乡风民风的内在美与村容村貌的外在美同等重要，农村现代化不仅是村庄更好看了，同时也要求村民文明素质更高，让农村现代化既有“面子”，又有“里子”。青阜农业综合体高度重视村风民风的引导和培育，主动消除过去一些陈规陋习和风气，大力倡树文明新风，通过建设图书馆、群众大舞台等休闲设施，进一步丰富了群众的精神文化生活；积极开展劳动能手、文明家庭等评选活动，倡树表彰先进典型，村风民风不断改善，让现代农村更有内涵，

2020年青阜村获评为“全国文明村”。

五、发展新型农村集体经济，拓展农民增收空间，实现共同富裕在这里取得明显进展

进入新发展阶段，必须站在共同富裕的高度，让发展成果更多更公平惠及全体人民。青阜农业综合体围绕实现共同富裕，既做大“蛋糕”，又分好“蛋糕”，统筹推进农村集体经济和农民实现双增收，走出一条共同富裕的新路子。一方面，带动村集体经济迈上新台阶。发展壮大村集体经济是实现乡村振兴的必由之路，是解决村集体“有钱办事”的根本途径。青阜农业公社依托“社村企共建”模式，积极盘活农村集体资产，通过经营分红、整理土地、物业管理等多种途径，带动集体经济发展壮大。一是推进现代农业经营体系建设，通过经营增加集体收益。当前，自上而下都在鼓励发展多种形式适度规模经营。在这种大环境下，2017年10月，由丰瑞公司发起、青阜村委和全体村民共同组建成立整建制行政村入股参与的土地股份制企业——昌邑阜瑞农业发展有限公司，丰瑞公司以资金、设备、技术入股，村集体以蓄水湾塘、“四荒地”入股，村民以承包土地入股，公司每年利润的60%进行股权分红，2020年分红100多万元，村集体和村民都获得了实实在在的实惠。二是扎实推进土地流转，通过土地增加集体收益。沟边路渠、“四荒地”、闲散边角土地都是重要的资源，是实现村集体经济“开源”和“挖潜”的重要方面。在土地统一流转后，青阜农业综合体本着集约高效利用土地的原则，将沟渠路壕和闲散边角地块全部整合，把原来的非耕地变成了可耕地，增加了耕地面积。以灶户村为例，通过土地整合利用，新增耕地面积73万平方米，承包期满后将收归村集体所有，如按照每亩400元的土地流转收入，灶户村在下一轮承包中每年可以增加44万元的村集体收入。三是发展特色产业，通过管理增加集体收益。青阜生态环境良好，自然景观优美，农耕文化鲜明，文旅项目丰富，一二三产业加快融合发展，特别是文旅产业出现了民宿等新业态，为村集体经济增收提供了机遇。以南五甲村为例，依托生态观光农业，发展形成了“爱情主题旅游+高中端民宿”为主要表现形式的旅游模式，打造了古朴乡间民宿，激活“宿在民居、乐在乡间、游在青阜”新产业。村集体以此为契机，谋划成立物业公司，通过对民宿等进行统一管理，既能提高乡间民宿管理水平，又能为经营业户提供便捷物业服务，还能增加村集

体收入，真正实现“多赢”。另一方面，带动村民致富更具成效。加快发展乡村产业，出发点和落脚点是富裕农民。“青阜模式”在增加农民收入上进行了积极探索，让农民获得土地流转、股权分红、经营务工等多种收益，真正让腰包鼓起来、生活美起来。一是推进土地流转，让农民“从地里拿钱”。传统农业种植效益低下，抗风险能力不强，农民收入不高。针对这一问题，丰瑞公司通过土地流转，扩大种植面积，实现规模经营，农户每亩可获得土地流转收益 400 元左右，切实提高了收入水平。二是凭借土地入股，让农民“持久性受益”。在成立股份制企业昌邑阜瑞农业发展有限公司时，青阜村 364 户村民中有 359 户以承包土地入股，每户每年可增加收益 1 000 元以上。村民变股东，不仅得到更多实惠，而且增强了归属感和主人翁意识，村民心更齐了，村情更稳定了，形成了齐心协力促发展的良好局面。三是开展托管服务，让农民“家门口赚钱”。通过大力开展土地流转，积极推行土地托管，农户只需支付托管服务费用即可获得农业生产收益，可腾出时间务工或从事其他生产经营活动，真正将大量农民从土地上“解放”出来，有序向二三产业转移，较好地解决了当前农村“打工顾不上种地、花钱种地成本高”的问题。依托这一模式，农民实现了土地租金、经营分红、务工生产三份收入，获得感、幸福感、安全感明显提高。

青阜农业综合体在加快实现农业农村现代化的过程中，取得了一些实践经验和启示，值得深入思考与借鉴。

（一）实现农业农村现代化，党建引领是前提。村干部身处基层治理一线，既是“指挥员”，也是“战斗员”，承担着维护地方社会稳定、经济发展、凝聚人心的重要责任，可以说，乡村振兴，发挥好基层党组织作用至关重要。在青阜农业综合体的发展过程中，无论是开始时的大规模的土地流转，还是后续的经营管理，各个村党支部和党员干部都站到农业农村发展第一线，直接联系群众、服务群众，在民生协调、手续办理等方面给予了鼎力支持，保障了各方面工作的顺利推进。实践证明，发挥党建引领作用，把基层党组织的政治优势与农业综合体的经营优势结合起来，以村民获益为目的、以市场需求为导向，组织规模化生产经营，不仅能够提升基层党组织的政治功能和组织力，更能为乡村发展带来资金和项目，增加新的发展活力。

（二）实现农业农村现代化，适度规模经营是基础。发展农业适度规模经营，是把现代生产要素、经营模式、发展理念引入农业的重要载体，也是推进农业现代化的必由之路。青阜农业综合体不断健全农业社会化服务体系，通过土地流转、生产托管等多种方式，加快发展适度规模经营，将千千万万小农户与大市场紧密联接起来，加强社会化服务，提高机械化程度，转变农业生产方式，做大了优势产业，大幅提高了农业的附加值、生产效益以及抗风险能力。

（三）实现农业农村现代化，改革创新是关键。青阜农业综合体的成功，本质上是机制创新，靠的是科技支撑。机制创新的主线是扭住农业供给侧结构性改革，充分利用好土地所有权、承包权、经营权关系，通过发展社会化服务、完善农户与新型农业经营主体的利益联结机制等途径，形成共振效应和改革合力，让“资源变资产、资金变股金、农民变股东”，使多种资源要素活了起来，有效提高了农业创新力、竞争力和全要素生产率。发展现代农业，出路在科技。青阜农业综合体坚持向科技要产能、要质量、要效益，在大力发展节水、节肥等技术的同时，主动推动智慧农业建设，在依靠科技创新的轨道上进行了探索，取得了良好成效。

（四）实现农业农村现代化，多元化投入是保障。只有构建财政优先保障、金融重点倾斜、社会积极参与的多元化投入格局，才能把“三农”领域短板补得更牢，更好守住“三农”战略后院。青阜农业综合体采用集团工业企业反哺农业综合体、国有公司农创集团参股、社会资本参与、各类项目支持等多种形式，拓宽“筹”的渠道，加大“整”的力度，发挥“合”的效应，达到了资金高效益、群众真收益、多方都满意的良好效果。

（五）实现农业农村现代化，共同富裕是目的。说一千道一万，提高农民收入是关键。农民没有富裕起来，乡村振兴就是一句空话。青阜农业综合体以利益共享为目标，坚持“基在农业、利在农民、惠在农村”，构建多样化、多元化、多形式的农村一二三产业融合发展利益联结机制，促进小农户和现代农业发展有机衔接，扩大了农村劳动力转移就业渠道。同时，积极创造条件，提高农村各类资源要素的配置和利用效率，确保集体资产保值增值，不断发展壮大农村集体经济，在促进村集体和农民“两个增收”上探索出了较为成熟的“青阜路径”。

打造“丝路绸语”文化创意园区 提升乡村文化振兴新高度

“丝路绸语”文化创意园区位于柳疃镇龙河路1号，是2019年柳疃镇创新文旅融合发展思路，依托昌邑华信丝绸有限公司的老厂房、旧设备进行高标准改造提升，融入现代元素，增加文化符号，建设而成的集文化创意、产业孵化、休闲娱乐三大板块为一体的文化创业示范园区。总投资5亿元，占地面积6.7万平方米。该园区完整保留了原昌邑丝织二厂原有厂房设备，是一处珍贵的近代丝绸工业遗产，更是一处环境优美、生活舒适、人文气息浓厚的综合型文化创意园区。

近年来，园区在不断改造提升过程中，始终发挥强力引擎作用，以高隆盛古村为核心的周边村落抱团发展，依托龙溪湿地、三官庙等景点，串珠联玉，讲丝绸故事，享蚕桑之乐，谋发展篇章，趟出一条“党委政府+企业+农民+古村+文化”的文创助推乡村振兴之路。

一是产业孵化板块，建设产品研发和品牌设计中心、创客空间、大师工作室，在工业设计、产业培育等方面进行集成创新，进一步延伸丝绸纺织产业链条、孵化新业态，为纺织丝绸企业提供设计和创意服务。

二是文化展示板块，建设丝绸之乡展示厅、非遗文化展览中心、柳疃春秋等子项目，讲述昌邑丝绸的前世今生，打造以丝绸文化为核心、以非遗文化、地方文化为补充的综合性文化展示平台，让传统丝绸文化在创新创意中散发时代魅力。

三是休闲娱乐板块，建设酒吧、茶吧、书吧等休闲休憩场所，打造多功能、多元化的文化休闲娱乐区，为园区创新创业者和外来人才提供温馨舒适的休闲场所，让思想在交汇与碰撞中擦出创意的火花。

四是研学体验板块，建设桑蚕文化馆、陶艺馆、古法烘焙馆等研学体验场所，以亲子体验、桑蚕文化研学为主题，寓教于乐、寓学于游，让人们在亲子互动、协作参与中熏陶于厚重的丝绸历史中，感受丝绸文化的非凡魅力。园区现已成为江北第一个以桑蚕文化为主题的科普基地，潍坊市首家以传统文化体验为主的研学园区，潍坊唯一一个最具文化特色和互动体验感的夜色经济载体，其特有的“丝路绸语”文创品牌，涵盖蚕丝被、高端家纺、丝巾等高档产品，深受游客的喜爱。目前每月承接旅游团 200 多个，平均成交量达 30% 以上，同时带动了桑叶茶、桑葚酒、桑葚干等桑果食品和大蒜、昌邑大姜等昌邑特色农产品的销售，年成交额达 1.3 亿元。

自运营以来，园区开发培育了绸乡特色文旅品牌，成为聚人气、传文化、促发展的亮丽名片，催生了以丝绸文化为核心的工业旅游、研学旅游、艺术创意等乡村旅游新型业态，激活了整个昌邑市相关产业的发展，呈现了“人来、企活、业兴、文盛”之势。

下步，柳疃镇将秉持挖掘乡村文化特质，淬炼乡村文化品牌的原则，充分发挥丝路绸语文化创意园区助推乡村振兴的强力引擎作用，打造江北第一个以桑蚕文化为主题的文化长廊和桑蚕文化科普基地，塑造成为潍坊唯一一家以传统文化体验为主的研学园区，培育成为潍坊唯一一个最具文化特色和互动体验感的夜色经济载体。

下营镇多措并举促进乡村全面振兴

乡村振兴战略实施以来，下营镇按照产业兴旺、生态宜居、乡风文明、治理有效、生活富裕的总体要求，结合发展实际，从产业、人才、文化、生态、组织五个方面入手，多措并举，加快推进农业农村现代化，乡村振兴工作不断取得新成效。

一、加快推进重点农业项目建设，聚力农村产业融合，实现产业振兴

一是培植壮大特色种植产业。以高家村新时代中草药种植基地获评潍坊市首批中医药特色园区为契机，狠抓中草药特色种植，带动群众增收致富，目前已栽植丹参、黄芪、菊花、知母、射干、紫苑等六大类中草药品种 67 万平方米。依托鼎立薄壳核桃林业田园综合体项目，加快推进核桃产业与旅游、教育、文化等产业深度融合，走一二三产业融合发展之路，建设集坚果生产、育苗科研、生态旅游为一体的林业田园综合体，园区规模已达 333 万平方米。

二是大力发展海水养殖产业。昱海养殖公司的国家级海洋经济创新项目雨生红球藻的培育和推广、浩源养殖公司的国家级单环刺螠原种厂项目均已顺利通过验收。投资 7 000 万元的中国水产科学研究院下营增殖实验站全部完工，致力于海水增殖技术提高和渔业人才培训。引进建设了邦普种业国家级水产遗传育种中心项目，依托中国工程院包振民院士和中国水产科学研究院黄海水产研究所科研团队，开展对虾新品种繁育，打破南美白对虾种虾国外垄断，打造国际领先、具有自主知识产权的对虾良种选育、种苗繁育平台。目前一期项目建成投用，二期项目基本完工，研发引进 450 余个家系，形成 5 万对种虾的培育养殖，承担国家自然科学基金山东省联合基金项目、国家重点研发计划“蓝色粮仓科技创新”项目、山东省农业良种工程项目、山东省农业重大应用技术创新项目等国家级、省部级科研项目 10 余项。

2020 年新引进广东海大北方现代生态养殖示范园项目，由“福布斯亚洲上市企业 50

强”广东海大集团股份有限公司投资30亿元兴建。项目建设研发中心、对虾繁育中心和168个标准化对虾养殖车间，并对南美白对虾虾苗进行培育、扩繁、养殖、推广，建成后将成为海大集团北方养殖总部基地。全部建成投产后，年产南美白对虾1.2万吨，将充分利用海大集团完善的产销链条，扩大市场优势，年产值将达6.2亿元，打造辐射渤海湾、影响全国的对虾生产基地。下步计划建设贝类繁育中心，重点攻克贝类种质资源、饵料培养、苗种培育和高成活率标粗等技术难题，采取“渔光互补”的模式，建设占地267万平方米的贝类种苗保种、逐级标粗、暂养区域，提高贝苗存活率，为大水面生产提供种苗保障。充分利用莱州湾现有滩涂水面，以“公司+基地+农户”模式，建设13 333万平方米海洋贝类牧场，构建贝类种苗培育、标粗、养殖完整产业链条。

二、扎实开展招才引智行动，引进培养农业科技人才，推动人才振兴

一是广开渠道实现人才引进。成立专门招才引智小组，新建“招院引所”项目库、人脉库和商会库，先后邀请京津冀、江浙沪等省及省内30余批次客商前来考察洽谈。同时，结合企业相关需求，由主要负责同志带队，赴北京、上海和济南等地积极协助对接联系有关高校院所。通过不断强化优秀人才的筛选、培养、宣传和推荐，有效打通人才成长进步的快速通道。建立乡土人才库，积极开展乡土人才联络和回归有关工作，引导在外工作生活的务工经商人员、专业技术人员、退伍军人等返乡创业，为家乡发展建言献策、贡献力量。

二是积极搭建人才聚集平台。围绕核桃种植、中草药种植、海水养殖等农业特色产业，积极引入专业人才和科研团队。引入包振民院士及中国水产科学研究院黄海水产研究所科研团队，承担国家对虾新的繁育品种任务；利用“全基因组选择育种技术”，突破发展瓶颈，促进科技成果产业化，填补国内产业空白。鼎立核桃积极对接山东农业大学“长江学者”、国家杰出青年科学基金获得者、“泰山学者”郝玉金教授，合作建设技术研究中心。毅硕丹参对接引进中国农业大学孙连军教授，为中草药种植技术添砖加瓦。创新性成立国有企业“昌邑下营科技企业孵化器有限公司”，通过该公司顺利与俄罗斯籍院士扎瓦林达成合作，共建院士工作站，成为我市首个获批的外籍院士工作站，助推下营中草药及农业种植业迈向新的台阶。

三是加强本土新型职业农民培育。邀请农业专家培训授课，培养技能型、专业化农民，通过农业技术提升实现产业发展，形成以退伍军人李治国、返乡农民工李春光、农村党员干部纪丛建、水产养殖模范卢立功等为代表的农业人才队伍，为乡村振兴提供强力人才支撑。

三、深入挖掘农村文化资源，丰富农村文化活动，聚力文化振兴

一是弘扬优秀乡村文化。传承发掘优秀传统文化，规划建设民俗文化园、李福泽事迹陈列馆、火道知青馆、村史馆、顾城文学馆“一园四馆”。深挖传统文化“一村一品”，统筹推进红色火道、书香李刘、海韵东营、孝德军营等 8 个特色文化村建设，沿下小路打造“红色旅游 + 海洋科普 + 下营风情”系列观光带文旅品牌。挖掘西营村海关衙署和古码头文化，重塑“海丝源头”。

二是深入推进移风易俗。倡导“喜事新办、丧事简办”，35 个村庄红白理事会实现全覆盖。大力推进“道德模范”“好婆婆、好媳妇”等文明评选活动。依托镇级新时代文明实践中心和 35 个村级实践站，有效整合团委、妇联、滨海诗书社等团体活动，将文明实践活动细化实化为践行村规民约、组织典型评选、打造美丽庭院等“十件实事”，让新时代文明新风在下营落地生根、结出硕果。下营灯会亮相中央电视台《新闻联播》。

三是强化公共文化服务。成立滨海诗书社，举办摄影大赛、广场舞大赛、书画展、民间文艺汇演、文艺晚会等系列群众性文化活动。成立乡贤联谊会，快板、秧歌等宣传队，完善农村书屋、村级文化广场、健身广场等建设，开展村志编修和“凝聚乡贤志士，反哺家乡建设”活动，培育各村文化领头人，为传播乡村文化、倡树文明新风发挥重要作用。下营祭海节被列入第六批潍坊市非物质文化遗产代表项目名录。加快做好下营滨海特色小镇和全域旅游规划，尽快启动渔业特色村、龙王庙民俗中心、月牙湖湿地公园、下营港码头、海洋牧场养殖、盐田观光体验、古盐业文化遗址、海鲜批发市场等项目建设，着力打造互动体验式文旅生活“渔港小镇”。

四、深化农村人居环境整治，加大植树造林力度，推动生态振兴

一是深入开展农村人居环境综合整治。全镇农户无害化卫生厕所改造率达 90% 以上；

累计投入 5 100 余万元，完成农村道路“户户通”工程，新修道路 102 千米，56.46 万平方米；首批 18 个村的农村生活污水处理工程建设全部完成，铺设主管网 17 190 米，铺设支管网 48 383 米；完成美丽庭院建设 373 户；扎实推进河长制，深化清违整治，实现涉河违法问题全部清零，保障辖区河道行洪安全。

二是大力开展植树造林行动。积极融入全市潍河绿色发展长廊战略规划，持续加大植树造林力度，打造沿潍河绿色景观长廊，发展新嘉苗木、鼎立生态林业综合体、青欣生态林业观光园等成方连片林场 800 多万平方米，推动乡村绿色发展。发挥“省级森林镇”优势，建设蒲河林带、漩河林带、滨海林场等共计 1 000 多万平方米，创建省级森林村 1 个，潍坊市级森林村 6 个，潍坊市级绿化示范村 26 个。

三是不断加强生态建设。加快推进生态环保治理体系建设，深入实施“三废”治理行动，纵深推进蓝天、碧水、净土保卫战，不断加大生态环保执法力度，对环境违法问题依法从严从快打击。全面完成北姜、大韩、郇家、廒里、张家、小韩 6 个村的搬迁工作。山东昌邑滨海国家湿地公园顺利通过国家级验收。

五、发挥基层组织作用，探索经济发展新模式，实现组织振兴

一是加强基层组织建设。深入开展“解放思想、走在前列”大讨论，推动社区实体化运行，实现管理权限、工作人员、服务事项“三下沉”，落实奖惩措施，打破平衡照顾，实现动态考核，进一步激发社区、村狠抓落实、克难攻坚的积极性。深入推进“三化”融合模式，完善服务群众网格 121 个，发展群众组织 137 个，组织群众文体活动、志愿服务等 60 场次，推进基层党组织“两应”服务体系建设。深入推进“海上党旗红”工程品牌，建成渔民党群服务站，在渔港码头设立“渔民事务代办站”，开创沿海地区党建工作新模式，《人民日报》对此进行专题报道。

二是创新乡村治理模式。通过探索农村“三资”管理新模式，打造数字化监管平台，实现农村“三资”管理制度化、规范化、安全化，有效解决了乡村治理难题，大幅提升村级办事效率。积极探索发展新型农民合作经济组织，着力打造党支部领办合作社“示范社”，进一步破解集体经济增收乏力难题。

三是提高民生保障水平。突出做好疫情防控工作，成立疫情防控工作领导小组和 10

个专项工作组，细化落实120个网格，全镇疫情防控形势总体稳定。脱贫攻坚精准发力，投入600余万元改善贫困户家居环境，修缮房屋200余户，院落提升100余户，发放被褥、凉席各700余套。获评"潍坊市脱贫攻坚示范镇"。教育医疗全面提升，下营镇卫生院新设精神科门诊，高标准建成下营镇卫生院蒲东分院，更好服务于辖区居民。持续开展老年人免费查体活动和育龄妇女免费"两癌"筛查。开展免费义诊活动，减免诊疗费用2万余元。投资40万元对全镇学校监控设备进行了升级，建成专递课堂3处，实现全镇优质教学资源共享。

鼎立核桃种植专业合作社以高科技引领助力生态振兴

昌邑市鼎立薄壳核桃种植专业合作社是由52人组成，出资900万元，于2009年6月成立的以核桃新品种的种植推广以及核桃仁批发、出口为主的企业。合作社位于下营镇南部、潍河东岸、下小路以西，占地333多万平方米，已经成为发展种植核桃、榛子为主，林下间作、养殖为辅的高效农业科技示范基地。现引进优质早实薄壳核桃香玲、岱香、岱辉、元丰、绿岭、鲁核、辽核等新品种，发展育苗130 000余棵。引进榛子新品种2个（薄壳红、达维）。林下生态养殖家禽（鸡、鸭、鹅）10 000余只，"潍水"海鲜鸡蛋达到年产140万枚。拥有"潍水""鸢林"2个商标，鼎力薄壳核桃荣获中华食文化地方特产标志品牌等称号，还在新疆，安徽合肥，河北石家庄，山东曲阜、威海等地相继建立核桃苗木实验基地和种植基地，种植核桃的总面积逾万平方米，年产值达4 000万元，合作社社员400多户，年育苗量80万株，核桃果实180万斤。合作社先后荣获"省林业龙头企业""省十佳专业合作社""省级经济林标准化示范园"等荣誉称号，产品被国际风筝联合会评定为指定专用产品。此外，还多次亮相央视媒体并成功入驻北京超市，且出口到美国、澳大利亚、日本等国。基地建立有机蔬菜种植试验田1处、中华绒螯蟹养殖实验区1处。

合作社生产上以科技为先导，先后与山东省果树研究所、山东农业大学、辽宁省经济林研究所等高校和科研机构建立了长期合作关系，聘请国家杰出青年科学基金获得者、百千万人才工程国家级人选、"长江学者"郝玉金教授担任技术顾问，并有望成为国家林业局核桃工程技术中心昌邑实验基地。山东省农科院在合作社设立了"薄壳核桃种植示范基地"，山东农业大学在合作社设立了"教书育人科研推广基地"，把1 266多万平方米核桃提升为现代化标准化管理，全部铺设滴灌、防草地布，并在从土地整理到砧木选择、品种纯度等方面严格把关，推行良种化种植。在核桃自生根技术方面取得突破性进展，申请了专利，填补了国内空白。目前正在组培果材兼用型核桃，这种核桃除了能结核桃果实外，干性通直，抗病性强，也是使用广泛的好木材。为了尽快探索出一套科学的特种核桃快繁技术，合作社整合了中国林科院首席核桃专家裴东教授，以及山东农科院等 6 所高校和科研机构在果树研究方面的顶尖人才，目前已建成 6 处试验基地。

在经营上采取“公司 + 合作社 + 基地 + 农户”的模式，以低价提供苗木，免费技术服务，产品保护价回收为连结方式，辐射周边村庄 300 余农户，与农户结成互惠互利的共同体，每户年收入可达 8 万元。发展林下采摘、林下休闲游乐等观光项目，为昌邑人民提供了一个休闲游的好去处。

卜庄镇实施“五大工程” 促进乡村振兴

近年来，卜庄镇认真落实上级“三农”政策，积极推进乡村振兴战略，按照“产业兴旺、生态宜居、乡风文明、治理有效、生活富裕”20 字总要求，深入实施“五大工程”，奋力谱写新时代“三农”工作新篇章。

一、实施产业融合提质工程，转变发展方式

促进乡村振兴，产业兴旺是基础。坚持以农业供给侧结构性改革为主线，加快推进农业由增产导向向提质导向转变，不断提高农业综合效益和竞争力。一是大力发展特色农业。以大陆村为辐射带动，梨枣种植面积突破 667 万平方米，卜庄镇成为全国最大的梨枣生产基地和全国梨枣价格形成中心、交易中心。采用最先进的节水、节能滴灌技术，改变了传统的农业用水方式，实现了节水、节肥、省工、省电，降低了农业生产成本。占地 5 300 平方米的大陆为农服务中心已建成运营，为群众提供“产供销”一体化服务，惠及枣农 1 000 余户。二是加快重点项目建设。昌泰畜牧标准化肉鸡项目建成投产，大昌牧业标准化养殖基地二期项目年底投产。探索城投和镇、村、合作社四方合作模式，在白衣庙村新建 55 个高标准果蔬大棚，引进火龙果、蜜黄桃、美慧西瓜等精品果蔬，提高土地产出效益。启动卜庄镇 1 400 万平方米高标准农田建设项目，打造高标准种植示范区。在东部缺水地块，引入圣达农机、鼎立核桃等公司进行集约种植，已实施 467 万平方米，亩均增收 300 元。三是加大人才引进力度。积极“走出去”，多次赴福建、广东等地开展招才引智，2020 年与江南大学、中国农科院等 7 个高校院所积极对接，达成合作意向 20 个。积极鼓励辖区内企业深入高校和科研院所对接，寻求产学研合作。去年引进国家“百千万”工程人选 1 名、“万人计划”青年拔尖人才 1 名、青年人才 145 名，为乡村振兴提供智力支撑。开展人才“返乡走亲”行动，邀请 20 余名卜庄籍在外企业家、高层次人才返乡，向其宣传我镇重点企业、优势资源、特色项目，引导其回乡挂职指导、创办企业、投

资入股。

二、实施美丽乡村提标工程，打造宜居环境

良好生态环境是农村最大优势和宝贵财富。坚持以绿色发展引领生态振兴，强化农村环境综合整治，为老百姓创造宜居的生活环境。一是深入开展农村人居环境整治。通过借助农田水利、国土高标等项目，发动社会各界特别是沿路企业捐资等形式，多方筹集资金1 200多万元，重点抓好青年路、文化路、东冢街等骨干道路的改造提升和村级连村路、断头路、主要街道的新建硬化，目前已完成56个村“户户通”工作。在卜庄镇区、夏店社区和东冢社区新安装路灯265盏，各类道旗600余面；46个村完成“户户通”，新增硬化面积30万平方米；深入实施“厕所革命”，完成农村改厕2 350户；完成59个村污水改造工程，南任村、大陆村成为全省农村生活污水改造试点村，大陆村为环保部调研、省环保厅召开农村污水治理培训班提供观摩现场。二是强化基础设施配套建设。先后完成东冢小学、侨乡小学、卜庄初中三处学校的新校建设，完成了夏店小学、北张小学、马疃小学的搬迁撤并，完成侨乡小学、东冢小学校安工程建设，硬件水平不断提升。投资2 000万元的夏店中心卫生院新建项目已完成选址规划；卜庄初中塑胶操场、11.5千米的青年路维修工程等民生项目建设完成，群众满意度不断提升。引进青岛客商，启动投资2 000万的镇区农贸市场建设，打造夜色经济示范点。三是从严抓好环境保护工作。守牢生态环保底线，以上级各类环保督察问题整改为抓手，持续发力，特别是对“散乱污”整治、河道污染等问题，建立台账、限期销号，标本兼治，坚决打赢污染防治攻坚战。加大植树造林力度，完成造林面积307万平方米，全力争创省级森林乡镇。

三、实施乡风文明提振工程，弘扬文明新风

乡村振兴，既要塑形，也要铸魂。围绕提振乡村“精气神”，积极培育文明乡风、良好家风、淳朴民风，努力形成社会好风尚，焕发文明新气象。一是做好公共文化服务设施提升。围绕满足群众精神文化需求，高标准打造10处综合性文体服务中心，配套村图书室、阅览室、文体活动室、历史文化展示室，建成健身广场100处，为村民提供健身休闲的好去处。二是弘扬优秀文化。充分挖掘各村历史文化资源，加大历史遗迹保护力度，并

利用村史馆、展览馆，向村民和游客讲好历史故事，推动文化传承，留住人们的乡愁。姜泊村入选山东省第四批历史文化名村，夏店古街成功入选第三批传统村落。积极整合红色资源，深入挖掘红色文化，建成了可设置一至两天完整教学课程的包括峻青旧居、王滨故居、西海军分区后方医院旧址等在内的“沿潍河一线七点”党史党性教育长廊。现已开展各类主题教育活动500多场次，受教育党员干部达5万多人。三是深入推进移风易俗。各村成立红白理事会，制定完善村规民约、红白理事会章程，积极推行喜事新办、丧事简办、厚养薄葬，破除封建迷信，反对盲目攀比。持续开展个人品德、家庭美德、职业道德、社会公德“四德榜”评选活动，常态化开展“文明信用户”“星级文明户”“好媳妇、好婆婆”文明评选活动，评选各类典型200余人，发挥示范作用，推动文明乡风吹遍卜庄全域。四是持续放大节会效应。自2017年，先后举办四届“卜庄大陆梨枣节”，形成集采摘观光、休闲娱乐于一体的生态旅游景点，年接待游客12万人次以上，在促进农业增效、农民增收的同时，进一步丰富了群众文化生活。

四、实施基层治理提升工程，促进乡村和谐

乡村振兴离不开和谐稳定的社会环境。把夯实基层基础作为固本之策，突出党建引领，抓紧抓实完善村民自治等关键环节，不断完善村庄治理机制，促进村庄充满活力、和谐有序。一是加强基层党组织建设。围绕提升党组织服务群众能力，形成“党总支＋功能型支部＋专业小组”的新型组织架构，让每名群众都能找到适合自己的组织，形成党建带群建、党员带群众的基层工作新格局。二是实施村民自治。修订完善村民自治章程和村规民约，健全村务监督委员会，形成党组织领导的充满活力的村民自治机制。每月按时公开党务、村务、财务情况，全面准确公开公示，确保权力在阳光下运行。推行事前公开听证制度，对事关群众切身利益的重大事务、村民之间的矛盾纠纷、不稳定隐患等，组织开展事前公开听证，推动矛盾纠纷从“事后解决”向“事前预防”转变，从源头预防和减少了矛盾问题发生。

五、实施强村富民提速工程，实现生活富裕

“小康不小康，关键看老乡”。坚持把农民富裕作为乡村振兴的重要衡量标准，千方百

计促进农民增收，为实现全面小康社会打牢坚实基础。一是持续壮大农业经营主体规模。把加快培育新型农业经营主体作为提升现代农业发展水平的重要抓手，建立“龙头企业+农户”“龙头企业+合作社+农户”等多元利益联结模式，通过引导、扶持、奖励、规范等方式，着力打造龙头企业、示范社、示范家庭农场，积极培育新型农业经营主体，目前，涉农生产企业156家，其中省级龙头企业1家，市级龙头企业7家；农民合作社70家，农民合作社成员数350人；养殖大户39家。二是开展土地经营股份合作。卜庄镇积极探索土地承包经营权抵押贷款，推行“土地租金+入股分红+到企业就业”的激励政策，为产业集群发展奠定土地基础。目前，流转出土地的农户0.66万户，约占农户数的39.76%，土地流转面积3 693万平方米。三是扎实做好扶贫工作。坚决打赢脱贫攻坚战，开展“十大再提升”行动，对享受政策户和及时帮扶户安排103名帮扶责任人，进行即时精准帮扶。抓好卜庄镇光伏发电项目、产业扶贫蔬菜大棚项目、产业扶贫养殖项目等5个产业扶贫项目建设运营，2020年向贫困户发放收益61万元。

大陆村实施强村富民工程
打造乡村振兴新样板

卜庄镇大陆村现有420户，1 400口人，耕地总面积3 200亩，以梨枣种植闻名乡里。先后被授予“全国文明村”“全国民主法制示范村”“全省村镇建设明星村”“全省卫生村庄”“省级休闲农业示范村庄”等80多项荣誉称号。近年来，大陆村抢抓乡村振兴战略机遇，聚焦“产业兴旺、生态宜居、乡风文明、治理有效、生活富裕”总要求，集聚资源、集中力量，在做大做强梨枣产业、加快建设美丽乡村、培育良好社会风尚、夯实基层治理基础四个方面走在前列，打造乡村振兴“大陆样板”。

一、着眼于让村民腰包“鼓起来”，做大做强梨枣产业

实施乡村振兴，产业兴旺是基础，也是推动广大农民实现生活富裕的关键。自1998年开始，大陆村便抢抓市场机遇，从山西引进梨枣种植，通过加快土地经营权流转等方式，从最初仅在206国道两侧种植500亩，逐步发展到现在辐射带动周边12个村、种植面积突破万亩，年销售优质梨枣2.5万吨规模。为保证梨枣产业持续健康发展，积极进行农业基础设施投入。近年来，新扩建1.5万平方米梨枣交易市场，建造300吨梨枣保鲜恒温库，建设1 800平方米集展示、储存、实验为一体的为农服务中心，解决了梨枣种植、销售、储存难题。推进组织化经营，成立大陆梨枣合作社，采用最先进的节水、节能滴灌技术，统一推广农业有机肥料，进一步提高种植技术，提高产品质量，目前已实现亩产达6 000斤。为进一步优化农业资源配置，提高为农服务水平，提升梨枣质量品质，投资230多万元，建设5 300平方米的大陆为农服务中心，充分整合现有供销社网点和农技、农资、电商等资源，提供产、供、销一体化服务，服务于农，便捷与农，带动周边10公里内12个村庄，1 000多户枣农，形成了从耕种到销售的全程服务体系。其中，仅统一购

买生产资料一项，每年可给枣农节约成本 80 万元，达到产业得发展、农民得收益的双赢效果。强化品牌意识，加强对外宣传，在省、潍坊市各大新闻媒体做好梨枣宣传推介文章，不断增加“大陆梨枣”知名度，“大陆牌”梨枣被中国绿色食品发展中心认定为绿色 A 级食品。如今，大陆村已成为全国最大的梨枣生产基地，成为全国梨枣价格形成中心、交易中心，年仅梨枣销售收入就有 3 000 多万元，农民人均收入达到 4 万余元。依托梨枣种植业，积极推动“农文旅”融合发展，打造农业产业化经营“升级版”。自 2017 年开始，先后举办了四届“卜庄大陆梨枣节”，吸引了来自全国各地的梨枣经营户、种植户、社会各界朋友和当地枣农欢聚一堂、交流种植技术，品味梨枣甘甜、共享丰收喜悦；形成了集采摘观光、休闲娱乐于一体的生态旅游景点，促进了农业增效、农民增收。特别是 2020 年 9 月第四届梨枣节期间，开展了文艺表演、梨枣采摘、网红直播、田园摄影展等一系列活动，省市县三级电视台播报开幕盛况，网络直播点击率达 12 万人次，进一步打响了“大陆梨枣”品牌。

二、着眼于让人居环境“好起来”，加快建设美丽乡村

良好生态环境是农村最大优势和宝贵财富，大陆村以创建全市美丽乡村建设带头村和示范村为目标，全力打造村民安居乐业的美丽家园。围绕“人文美、生态美、生活美”的总要求，致力于打造生态宜居的“最美大陆”，严格按照《美丽乡村建设规范山东省地方标准》，扎实开展农村人居环境整治工作，先后投资 800 多万元，对全村 6 条主要街道和 120 余条胡同小巷进行了柏油、水泥硬化，目前，户户通工程已全面完成；整村制完成污水改造工作，为环保部调研、省环保厅召开农村污水治理培训班提供观摩现场。坚持在村容村貌提升方面下功夫，投资 100 多万元对道路两侧、房前屋后进行植树绿化、村庄环境美化，呈现出三季有花、四季见绿的生态画卷。实施人工湖环境提升工程，对村内人工湖公园绿化 2 000 多平方米，成为周边村民闲暇游玩的好去处，进一步改善生产生活环境、提升村民幸福指数。

三、着眼于让文明乡风“树起来”，培育良好社会风尚

乡村振兴，不仅是经济的振兴，更是文化的振兴、农民素质的提升。大陆村红色文化

底蕴深厚。围绕打响“梨枣之乡、红色大陆”品牌，建设了600平米的大陆村史馆，重点打造了胶东军区副司令员陆升勋烈士故居，让红色精神永续传承。留住红色记忆的同时，注重增强文化凝聚力，培育形成良好社会风尚。一是积极开展移风易俗。早在1987年便开始提倡“厚养薄葬”，成为昌邑市第一个实行丧葬改革的村。成立红白理事会，提倡丧事简办、婚事新办，避免婚丧嫁娶大操大办、铺张浪费，减轻了村民负担，形成了良好的村风民风。二是丰富群众文化生活。投资20余万元组建了全市规模最大的农民鼓乐团，拥有160余人的威风锣鼓队和妇女腰鼓队，连续多年受邀参加潍坊国际风筝会、昌邑市绿博会等大型节会演出，被山东省文化厅授予“文化惠民送戏下乡”定点单位，形成了别具特色的农村文化品牌。三是抓好乡风文明建设。注重“孝”文化建设，早在上世纪80年代便建立了全市第一家敬老院，村集体每年为70岁以上的老人发放节日福利，力求让每一位老人都能安享晚年。设立“四德榜”，开展“好媳妇”“好婆婆”等评选活动，发挥尊老爱幼、遵纪守法、家庭和睦等先进典型的模范带动作用，持续形成崇德向善的正能量。

四、着眼于让村级组织“强起来”，夯实基层治理基础

乡村治理体系和治理能力现代化是乡村振兴的根本保证。大陆村以村党支部为堡垒，加强和创新村级社会治理，不断推进基层民主建设，全村上下更加和谐团结、安定有序，多年来从未发生一起上访问题。一是发挥好头雁作用。充分调动村“两委”干部在村级事务工作中的积极性，党支部书记以身作则，认真坐班、主动服务。“两委”成员在“一事一议”筹资筹劳、合作医疗费、有线电视管理费等收缴工作中发挥带头作用，保证上级要求落到实处。二是发挥党员先锋模范作用。结合推进“两学一做”学习教育常态化制度化，鼓励每名党员争做党委政府的宣传员、增收致富的带头人、文明乡风的倡导者、和谐稳定的维护者，用党员榜样的力量教育群众、鼓舞村民。三是发挥村党支部坚强堡垒作用。落实“三会一课”制度不动摇，不搞形式、不走过场，每月按时召开组织生活会，进一步提升党员意识和纪律规矩意识，为村级改革发展稳定提供坚强组织保障。四是坚持公开公正公平的村级管理机制。探索运用村务党务信息化网络平台进行“三务”公开，做到了当月村务当月公开，重点工作随时公开，并在年底以发放明白纸的方式，对党务、村务、财务进行详细公开，确保权力在阳光下运行。严格民主议事程序，村级重大事项必须

经过“两个代表议事会”讨论，大会通过后方能实施，并接受群众代表全程监督，增强了村级工作的透明度。实行网格化治理模式，村庄治理划分为 6 个网格，梨枣产业治理划分为 20 个网格，实现“人在格中走、事在格中办、全村心连心”。

聚焦重点 培育亮点　打造乡村振兴石埠样板

近年来，石埠经济发展区围绕深入实施乡村振兴战略，强化责任担当，科学谋篇布局，理清发展思路，拓展战略思维，积极探索乡村振兴的新模式、新路径、新机制，着力打造乡村振兴石埠样板。

一、强化产业支撑，促进“三产”融合发展

（一）推进项目建设，打造“新六产”有效载体。梳理确立重点项目 23 个，总投资达 62 亿元，成立 23 个项目服务专班，明确 41 名中层以上干部作为服务企业专员，严格落实“一条龙式”跟踪服务和“陪伴式”全程服务，持续优化项目建设环境，坚决不让项目“悬在空中”。其中潍水田园综合体已累计完成投资 4 亿元，南北两区基本框架已建成。民和牧业项目一期工程车间、宿舍主体已完工，德国进口速冻机设备开始进场安装调试，建成后将打造具有石埠特色的“潍坊食品产业加工仓储交易中心”。围绕完善供应链、培育创新链、提升价值链打造“塑机产业标准联盟试点”，目前“华玉塑机研发中心”已成立，富家塑料 7 000 平方米的“复合式中型散装容器”加工车间设备已完成安装，全区形成以华玉、华东、鲁宏、新恒达、裕洋为代表的塑机制造产业集群，80% 以上产品出口，年产值达 3.2 亿元，出口额达 1.7 亿元。污水处理厂一期工程投资 3 000 万元，与城投合作共建，设计日处理 10 000 m³/d，同步对镇区排污管网进行改造提升，建成后真正实现镇区污水处理全覆盖，目前正进行砌垒院墙。

（二）立足农业基础，夯实现代农业科技支撑。一是推动农业龙头企业联动发展。齐鲁智农谷冷链物流中心 6 个生产车间主体已建成；潍坊农科院现代农业科技示范园已投产达效；润鹏现代农业产业园砧木良种繁育温室、种子分拣车间等建成投用；青青草农业种植基地一期葡萄、桃子、草莓、樱桃种植区和二期 8 个葡萄示范种植大棚已投产达效；青山庄园以有机果蔬为特色，探索线上“云购买”模式，产品远销北京、上海等一线城市；

奥孚苗木基地主打“高端精品”品牌，成为全省苗木行业标杆企业，全区逐步形成科研驱动、资源互补，结构优化、基地支撑，新型经营主体参与的现代农业发展体系。二是完善特色产业链条支撑。构建大姜、土豆、大葱、草莓、苗木 5 个万亩农业种植基地，同中国农科院郑州果树研究所、中国科学院微生物研究所技术转移转化中心等知名院企开展深度合作，辐射带动成立村级劳务公司 2 家，支部领办农民专业合作社 42 家，以“六大农业龙头企业”为带动、“四大专业市场”为纽带、“5 个万亩农业种植基地”为支撑的生产、研学、加工、销售农业全产业链条逐步完善。

（三）放大品牌优势，突出休闲旅游产业特色。围绕供给侧结构性改革，在潍水大道两侧重点打造“生态休闲宜居带”，不断丰富完善青山农文旅小镇、青山庄园等休闲服务产品，提升休闲旅游服务品位。青山农文旅小镇中青山景区总投资 2.8 亿元，打造 30 余处旅游景点及“梦幻之星营地”、亲子农场、鹿园三大休闲产品，其中“梦幻之星营地”内外装修已基本完成，亲子农场已建成投用，鹿园已完成规划设计并开工。

二、创新方式方法，大力提升人才招引水平

强化“项目为王”“人才为王”理念，先后到北京、西安、武汉、滁州、郑州、济南、南京等地大力开展高质量“双招双引”活动。目前已陆续引进中国农业科学院、华中农业大学、南京农业大学、南开大学等知名院所高端人才 8 人，青年人才 343 人，其中硕博士 19 人；“青山创新智谷”完成实体入驻率 70%、孵化企业 40 余家。润鹏种苗、青青草农业种植基地、盛源果品专业合作社分别与中国农科院郑州果树研究所签订合作平台项目，同时共建昌邑果树瓜类专家工作站。潍水田园综合体与山东中医药大学达成产业合作协议；润鹏种苗引入韩国 A 类人才金永钟，并成立金韩农业发展有限公司，全面完成招院引所及外专人才任务；与乌克兰国立农业大学维克多院士合作共建国际院士工作站；与南京大学依托“启迪”砧木项目，合作成功申报齐鲁创业大赛。

三、聚焦民生福祉，提升群众幸福感和满意度

（一）聚焦补齐公共服务短板。隆达大片区改造提升项目青山文化广场、山水幼儿园及“为农服务中心”农资超市、集贸市场已建成投用；医院主体已建成；2 栋老年公寓已

封顶。教育片区改造提升工程累计完成投资 7 000 多万元，新建小学、幼儿园、教育办公楼、教师公寓楼已投用，多功能楼和标准化操场已基本建成。新兴大片区改造提升工程总投资 5.1 亿元，建设居民楼 17 栋，总建筑面积达 12 万㎡，着力打造环境宜居整洁，生活服务便捷，交通安全畅通的现代居民小区，目前项目已完成规划设计并开工。五年来，石埠经济发展区共计建有居民小区 13 个，楼房 1 395 套，入住率达 90%，极大满足全区群众及外来人员生产生活需要。同时，投资 6 500 余万元，开展昌南水质提升工程，目前已完成镇区管道改造近 50 公里。

（二）提升精细化管理水平。率先落实“门前五包”制度，完善网格化治理体系，实体化运行镇区直属管理办公室，将 1 600 余家门店及居民小区纳入统一管理，新购置综合执法车 2 辆，推动管理权限、工作力量、服务事项、运转资金沉底到位，确保管理常态化、制度化、规范化；投资 300 余万元，实施镇区“五化提升”工程，新硬化道路 1.1 万平方米，新增绿化面积 1.3 万平方米，安装路灯 133 盏、霓虹灯带 1.3 公里，着力打造靓丽的“潍坊东大门”。

四、突出服务能力，在厚植群众基础中实现组织振兴

完善工作机制，创新服务载体，不断完善推行社区实体化建设，以“四下沉”打通服务群众最后一公里。一是人员下沉。对社区工作人员进行了优化组合，推动“社区干部、业务干部、村干部”三支队伍全部沉入一线，实现社区服务全面覆盖，管理水平明显提升。二是服务下沉。坚持“一切以群众需求为导向”的原则，将人社、民政、卫生、信访、公章等部门服务事项延伸到社区，实行“一站式”服务。三是管理下沉。从日常考勤、财务管理、后勤管理等方面进行规范，严肃社区日常工作纪律，成立由督查办、纪工委工作人员组成的督查小组，定期或不定期对社区人员在班在岗、日常签到、学习记录、为民服务等情况进行督查，并将督查结果纳入干部年终考核，促进社区管理制度化、规范化。四是治理下沉。依托社区党群服务中心，构建“1+N+N”的社区组织领导体系，社区党委下设 N 个村级网格和 N 个村级子网格，进一步规范运行管理和服务流程，及时了解发现群众反馈问题及困难诉求，实现即时收集、即时处理，切实提高网格管理精准度和社会治理效能。

建设潍水田园综合体　助力乡村振兴

“潍水田园综合体”是昌邑市深入贯彻落实中央及上级党委实施乡村振兴战略部署要求，抢抓国家实施田园综合体试点重大机遇，提早谋划积极申报，被确立为山东省唯一的省级田园综合体试点项目。2018 年被列入山东省乡村振兴重大项目库；2019 年被列为山东省省级重点项目，被确定为山东省田园综合体地方建设标准。“潍水田园综合体”依客观条件，规划建设核心区、生态景观区、辐射带动区三大板块，共涵盖 12 个村、1.3 万人。项目自 2017 年 10 月份正式开工建设以来，目前已累计完成投资 4.8 亿元，各子项目建设进展顺利，核心区基本框架已经形成。

山东潍水田园综合体项目立足高点定位，突出红色引领，强化功能融合，创新产业业态，全力打造田园综合体地方建设标准模式。

一、项目规划及功能

项目总规划占地面积 20 平方公里、总投资 50 亿元，建设周期为 3—5 年。围绕讲好“潍水田园”故事，打造诗意栖居之地，规划建设核心区域、生态景观、辐射带动三大板块，配套循环农业、文旅休闲、颐养康疗、加工物流等功能区。其中，核心区规划面积 6 453 亩，总投资 16 亿元，重点打造“一带一谷两翼六组团”。

该项目主要具有五大功能。一是示范功能。坚持问题导向，紧抓重点环节，着力在推动产业融合、筑牢科技支撑、建立标准体系、强化品牌建设等方面精准发力，形成典型经验和示范作用，为区域面上相关工作推进提供有益借鉴。二是整合功能。通过对资金、资源、土地、人才、技术等生产要素进行有机整合，充分激发、释放各类生产要素的优势潜能，集成资源、集约服务，形成要素集聚的“洼地效应”。三是对接功能。围绕重塑城乡关系，通过“三产融合”“三生同步”“三位一体”的有机结合与关联共生，推动实现城市与乡村在项目、产品、渠道、功能等方面的有效对接，探索建立城乡融合的体制机制和政策体系，促进城乡之间深度融合发展。四是承载功能。坚持统筹规划、一体推进，用足用好这一载体平台，积极谋划、承接乡村振兴优质项目及上级相关导向性政策，建设成为推动区域发展的重要隆起带。五是带动功能。立足项目位处潍河沿岸、城乡结合处、潍坊市“东大门”的有利区位条件，有效发挥联通南北、以点带面的作用，带动、激活区域范围内“三农”工作提档升级、高质量发展。

二、建设思路

该项目深入贯彻落实习近平总书记围绕乡村振兴战略提出的“五个振兴”总要求，统筹谋划农村经济、政治、文化、社会、生态文明建设和党的建设，坚持走城乡融合发展、共同富裕、质量兴农、乡村绿色发展、乡村文化兴盛、乡村善治和中国特色减贫之路，以新理念、新举措奋力谱写新时代“三农”工作新篇章。一是以产业振兴为基础。坚持以农业供给侧结构性改革为主线，深入推进“三产融合”，打造具有鲜明特色和竞争力的农业“新六产”，推动现有产业及载体转型升级，实现农业全环节提升、全链条增值、全产业融合。二是以人才振兴为支撑。健全完善人才培养、引进、使用、激励机制，深入开展“三农”领域招才引智，强化本土新型职业农民培育，广纳科技、市场、管理、法律等方面的贤才能人，着力造就一支懂农业、爱农村、爱农民的“三农”工作队伍。三是以文化振兴为灵魂。围绕激活文化基因、厚植文化根脉，深入挖掘提炼乡村文化和农耕文化，大力传承“孝”“诚”“礼”“义”等社会正能量，全面提升农民群众精神风貌，增强乡村振兴内生动力。四是以生态振兴为根本。积极践行习近平总书记提出的“绿水青山就是金山银山”发展理念，坚持以绿色发展引领生态振兴，深入推进美丽乡村建设，强化农村人居环境综合整治，为老百姓创造宜居宜业的生活环境。五是以组织振兴为保障。突出党建引领，大力推行“企业融入支部、支部融入产业、党员融入项目”的融合发展模式，以党建为主轴带动，联建单位共建共融、共享共赢，通过组织共建、资源共享、机制衔接、功能优化的系统建设和整体打造，打破党组织建设和产业发展的最终壁垒，筑强乡村振兴的基石基础。

三、项目效益

项目建成后，将聘请国内高端运营管理团队进行运营管理，在通过一系列运营保障企业自身利润的基础上，更多地考虑如何带动当地农民致富，与农民结成利益联合体，有效促进村集体经济发展壮大、农民增收致富，实现共建共享。一是通过家门口就业，增加农民劳务性收益。项目周边村庄依托村“两委”成立劳务公司，针对长期就业和农闲务工等不同情况，统一安排村民到潍水田园综合体工作。据初步估算，项目能够新增直接就业800人、间接就业1万人，吸引3 000人返乡创业。核心区农民依靠在潍水田园综合体就近就业，人均年收入可达4万元以上，实现在家门口就业致富。二是通过发展订单农业，增加农民经营性收益。借鉴日本订单农业模式，由村“两委”指导村民成立20个农民专业合作社，在潍水田园综合体开展规模化、订单式种植，企业为合作社提供统一深耕土地、统一资金支持、统一收购、统一加工、统一销售“五统一”服务，有效带动农民增收。三是通过变资产为股权，增加农民资产性收益。核心区村民在土地流转的基础上，以土地、住宅等资产入股，参与潍水田园综合体收益分红，每年每亩土地可以增收2 000元，获得长期稳定收益。四是通过解决养老难问题，增加农民福利性收益。通过企业让利、土地代耕代种、房屋出租、国家补贴等形式，让核心区内村庄65周岁以上的农民享受“不掏钱”的养老、康疗等服务，实现经济效益与社会效益、企业效益与群众受益的“多赢”。五是搭建人才平台，激活乡村振兴内生动力。依托潍水田园综合体大党委，不断在引人才、育人才、留人才上架梯子、铺路子、搭台子，推动潍水田园综合体项目与农民实现人才融合、理念融合。一方面，以山东潍水田园农业发展有限公司为平台，大力开展“筑巢引凤”“雁归工程”，搭建乡村创客平台，以乡情乡愁为纽带，吸引支持企业家、各层次技能人才等通过返乡投资创业、包村包项目等方式服务乡村振兴事业。目前项目与首农集团、中国移动、上海实业、恒大集团、步长制药、红孩儿集团、盛泉养老等知名企业进行合作并签订框架协议，先后引进优良食生物科技有限公司创始人张骊、清华大学教授李树华等高端人才。同时，首创发展人才“飞智模式”，以开放、包容的理念，在北京、杭州等一线城市设立公司，通过潍水田园党建联盟，实现党员连管、活动连搞，从而解决乡村对人才吸引力不足问题。另一方面，以潍水田园农业发展有限公司为主体，不断创新农村人才培育机制，开设农民培训学院，把田间地头作为农村人才的“练兵场”，以农民专业合作社为主要载体对本土农民进行培训，逐步建立多渠道、多层次、多形式的农民教育培训体系，完善农村人才孵化培育链条，着力培养一批本土“田秀才”“农专家”，让更多的新知识、新技术在农村得以广泛应用。

下步，项目将抢抓乡村振兴战略机遇，加压奋进，积极作为，推动项目早日建成运营，发展成为推动城乡一体发展的新支点新引擎，实施乡村振兴战略的新样本新模式。

饮马镇以“五个振兴”为抓手深入实施乡村振兴战略

近年来，饮马镇紧紧围绕“产业兴旺、生态宜居、乡风文明、治理有效、生活富裕”的20字总要求和市委、市政府加快推进乡村振兴战略系列决策部署，以加快推进乡村产业振兴、人才振兴、文化振兴、生态振兴、组织振兴“五个振兴”为抓手，深入实施乡村振兴战略，推动农业全面升级、农村全面进步、农民全面发展。

一是培优做强农业产业，加快推进乡村产业振兴。把做强做大农业产业作为乡村振兴的主抓手，加快推进农业产业化发展进程。一是加快农业产业化发展进程。推动土地规范流转和适度规模经营，引进金山苗木、东方园林等工商资本，盘活土地资源，建设万亩苗木基地，万亩农作物种植区，发展小麦、生姜、土豆等作物5万多亩。培育特色生态果蔬家庭农场30余家，成立专业合作社90余家，其中省级示范社3家。打造“山阳大梨”“天福园”葡萄以及“千祥”牌面粉等一大批农业特色品牌，“山阳大梨”“天福园”葡萄获得国家绿色食品认证，“千祥”牌面粉被评为“山东省著名商标”，山阳村现为全国一村一品示范村。二是入选全国农业产业强镇示范建设镇。2020年8月份入选全国农业产业强镇示范建设名单，中央财政每年拨付1 000万元专项资金，连续拨付2年，专门用于乡镇农业产业建设发展，为产业振兴增添了动力。

二是扎实落实人才政策，促进乡村人才振兴。人才为乡村振兴提供智力支撑和技术保障，在外来人才引进和本土人才培养上下功夫、做文章。一是开展招才引智宣传。加大人才政策宣传力度，广泛开展潍坊市“人才新政20条”宣传，以宣传卡、条幅、标语等形式，发放宣传卡2 700余张，悬挂条幅90多幅，张贴标语160多条，在全镇范围内营造“招兵买马”吸引人才浓厚社会氛围，2020年以来全镇引进本科生6名，研究生2名。二是帮助企业招引人才。先后到吉林大学、山东大学、天津工业大学、中南大学、省农科院等高校院所开展人才项目对接活动6次，引进高端技术人才B类1人、C类5人、“双一流”博士研究生 5 名，其中引进中国工程院院士王玉忠与龙港硅业签订合作协议，天津工业大学教授、博士生导师任元林与企业合作开展阻燃抗熔滴涤纶关键制备技术研发及产业化项目，获评鸢都产业领军人才。2020 年引进博士研究生 6 名、硕士研究生 16 名、本专科毕业生 270 余名，成功签约 1 名外国专业人才，派康塑料科技有限公司获昌邑市“农村商业银行杯”全民创业大赛暨大学生创新创业大赛一等奖。三是大力培养本土人才。邀请农业专家组织开展农民技能培训，对大姜种植、梨树管理等农作物种植管理进行专业技术培训，2020 年组织开展技能培训 6 场次，受益群众 3 000 多人次，农民作物种植水平有了大幅提升。

三是加快乡村文化振兴，焕发乡村文明新气象。坚持物质文明和精神文明一起抓，既要发展产业、壮大经济，更要激活文化、提振精神，繁荣兴盛农村文化。一是发挥文化资源优势，打响文旅品牌。依托博陆山风景区、千年梨园和丰富的乡村旅游资源，2020 年成功举办第十一届山阳梨花节暨第二届梨花水镇嘉年华，吸引游客 10 万多人。借助“梨花节”，组织开展“书画展”“摄影展”“文学创作”等系列文化活动，国内知名书画家先后多批次到博陆山梨园进行写生，丰富梨花节浓郁的乡村文化气息，打响文化旅游品牌，年内力争吸引游客 20 万人次，实现旅游收入 800 万元。二是挖掘现有资源，保护传统文化。投资 200 多万元，开发挖掘汉武望陆台、西汉大司马霍光冢、商周遗址、潍水杞风、道教麻古洞等历史文化资源 15 个。投资 200 多万元，在清末古民居基础上，建成占地 1 000 多平方米的饮马历史文化展示馆。投资 30 多万元，建成山阳战役纪念馆，打造爱国主义教育基地，传承红色文化基因。山阴、窑湾等 10 余村村志已编修完成，地方特色文化得以保护挖掘。三是提升完善村级文化场所，组织开展丰富文化活动。加强镇村文化场所建设，新建村级阅览室 3 个，新增体育器材 6 套，新修群众文化活动广场 600 余平方米，组织开展十多场以“传播精神文明、助力文化振兴”为主题的消夏晚会，既丰富群众文化生活，又传播乡村文明，受益群众 1.2 万多人。

四是深入实施乡村生态振兴，提升改善生活环境。坚持以优化农村人居环境和完善农村公共基础设施为重点，把乡村建设成为生态宜居、富裕繁荣、和谐发展的美丽家园，让群众生活在蓝天白云、青山绿水的舒适环境中。一是开展环境卫生综合整治。以“九城同创”为契机，开展环境卫生综合整治行动，发动干部群众 600 余人次，出动机械 200 余台次，清理垃圾 900 余立方，清理杂草 3 000 余平方。开展“一把扫帚连万家”活动。为各户发放一把扫帚和一封倡议书，累计发放扫帚 1.8 万把，鼓励群众一起行动，扫除卫生脏乱差，扫除铺张浪费不文明陋习。提升完善基础设施，新修道路 36 公里，覆盖全镇 18 个村庄的 11 条村村连道路、15 条村内道路。二是开展环保专项行动。对已关闭取缔的“散乱污”企业开展回头看，防止“死灰复燃”，对辖区内 400 多家企业环保问题进行全面检查，重点对石粉厂、塑料颗粒厂、漂染厂进行取缔关停，坚决打击污染破坏环境行为。三是植树造林，争创国家森林城市。在获评潍坊市森林城市基础上，实行道路绿化工程、荒山绿化工程、村庄绿化工程等八项工程，新植绿化树木 2.3 万棵，新增绿化面积 800 多亩，打造宜居绿色生态环境。

五是筑牢乡村组织振兴，夯实基层组织基石。坚持强化对党员干部教育管理，坚持抓班子带队伍强素质提能力，充分发挥基层党组织实施乡村振兴战略“主心骨”“领头羊”作用。一是加强党员干部教育管理。利用可视系统，组织开展集中学习 5 场次 3 000 多人次。借助“灯塔 - 党建在线”平台，辖区 800 多名 60 岁以下党员参与学习竞赛，镇委获优秀组织奖、知识选拔赛优秀组织奖和线上决赛优秀组织二等奖。组织机关干部、村主职干部到诸城、临朐等地开展对标寻访，学习借鉴乡村振兴经验做法，开阔视野、拓宽思路。二是“三化”融合全面铺开。全镇 980 余名党员认领修路、绿化、改厕等 130 余个项目。120 余名网格长、1 040 余名网格员联系 9 700 余户，收集意见建议 500 多条，化解矛盾纠纷 300 多个。各类组织共开展活动 80 余次。基层党组织凝聚力和战斗力明显提升，山阳村党总支获“山东省干事创业好支部”荣誉称号。三是实行严格考核机制，激发干事活力。认真落实机关日常工作纪律，实行早中晚三次指纹签到制度，加大对迟到早退通报检查力度。落实一月一考核机制，将村干部工资与考核挂钩，在考核中突出体现“四个不一样”：“干与不干不一样、干多干少不一样、干好干坏不一样、拼命干与轻松干不一样”，让担当精神蔚然成风，让为官不为没有立足之地。

山阳村党建统领趟出乡村振兴新路子

推动乡村振兴，产业是核心，生态是前提，组织是根本。近年来，饮马镇山阳村坚持党建统领，聚焦“产业兴旺、生态宜居、乡风文明、治理有效、生活富裕”总要求，淘汰传统靠山采矿老路子，建设绿水青山发展乡村旅游，实现产业转型发展，走出一条富民强村、生态宜居的乡村振兴新路子。2019 年，村集体经济收入 300 多万元，人均年可支配收入达到 2 万元。先后荣获全国宜居村庄、全国美丽乡村示范村、全国一村一品示范村、全国生态文化村、山东省级旅游特色村、山东省乡村振兴“十百千”示范创建村、山东省乡村振兴规划联系点、山东省首批乡村振兴示范村等省级以上荣誉称号近 20 项。

山阳村位于饮马镇南部，北依博陆山，西邻潍河，1 049 户、4 100 多人，145 名党员，是昌邑市人口最多的村庄。从 1976 年开始，山阳村凭借着村内博陆山丰富的石英矿资源，村集体创办石英矿厂，走上开采加工石英石、壮大集体经济的发展道路，逐渐成为远近闻名的富裕村。但是，生态破坏、扬尘等环境问题接踵而至。山阳村党支部意识到资源消耗的发展模式是不可持续的，决定以壮士断腕的决心和勇气，推动产业转型升级，走生态、环保、可持续的乡村振兴新路子。

1. 转型发展谋求新出路。2010 年，借助村内博陆山、千年千亩梨园等自然资源，山阳村党支部确定了走乡村旅游发展村集体经济的道路。2014 年，山阳村注册成立潍坊博陆文化旅游有限公司，对博陆山进行整体保护性开发，依托历史文化、生态资源以及修复的矿坑，打造了梨花飞雪、东篱田园、博陆望远、潍水亲情、霍光路五大旅游板块，建成“玫瑰园”“牡丹园”“红峡湖”等 13 个景点，搭建起了发展乡村旅游的主体框架。博陆山由原先的一座荒芜的石头山成为集自然风光、红色教育、历史古迹、农村习俗、旅游、餐饮娱乐于一体的国家 3 A 级旅游景区。景区建成以来，累计接待游客 100 多万人次，实现旅游收入 1 000 多万元，实现了农业增效、农民增收、旅游增色。

2. 借助资源培育新亮点。山阳村有省内树龄最长、规模最大、保存最完整的 2 000 亩古梨园，借助千年千亩梨园，山阳村党支部牵头创办了“山阳特色茌梨农民专业合作社”，对梨农进行统一组织，对梨园进行统一管理，对梨果进行统一销售，培育包装“山阳大梨”特色品牌。目前，“山阳大梨”已获评国家级绿色食品和国家地理标志产品，山阳村梨园年产量2 500吨左右，年销售收入500多万元。同时，山阳村党支部积极探索千年梨园与节会经济、文化旅游相结合，举办“山阳梨花节”，大力发展特色观光农业和乡村生态旅游，进一步做大做优梨文化。目前，已连续成功举办十一届“山阳梨花节”、六届“大梨采摘节”和八届“群众文化艺术节”，逐步形成了“春观花、夏赏绿、秋尝果、冬品树”“游千年梨园，品梨花水饺”以及“认养梨树，休闲采摘”等特色旅游服务，并创新开发了梨花水饺、梨花菜系等特色餐饮和“梨花饼”“梨花糕”“梨花奶糖”系列游客伴手礼。每年“梨花节”，山阳村接纳游客15万人次，直接带动本村及周边村民300多人从事旅游服务业。

3. 招大引强做大新产业。发展乡村旅游单靠一个村的力量是远远不够的。为此，山阳村党支部带领党员进行招商引资，吸引外资发展乡村旅游。经过不懈努力，山阳村成功引进总投资30亿元、占地6 500亩的“梨花水镇”项目。该项目以“千年梨花”及“活力潍河”为特色，构建主题突出、中心放射、山水相依、生态镶嵌，集现代高效农业、文化创意、精品旅游、养生体验等于一体的特色小镇。“梨花水镇”已入选山东省第一批乡村振兴重大项目库，被列为山东省2020年重大建设项目，被评为潍坊市十佳特色小镇。项目建成后，预计可提供2 000多个就业岗位，年可接待游客120万人次，实现旅游总收入5亿元。

4. 创新基层治理新模式。为更好地调动起党员群众参与到乡村振兴的队伍中来，山阳村构建了“党总支＋功能型支部＋专业小组”的新型组织架构。党总支设立工商业、合作社、文体美、民俗事务、夕阳红、风俗旅游等6个功能型党支部，下设16个专业小组，每名群众都能找到适合自己的专业小组，党员干部带领群众干、干给群众看，形成党建带群建、党员带群众的基层工作新格局，有力激活了党员、群众、各类组织的内生动力。通过持续不断地强党建、抓班子、带队伍、聚人心、促发展，有力推动了村民收入增加和村集体经济发展壮大。村民养老、医疗、困难救助等各项福利待遇连年提高，村庄基础设施不断完善，规划建设了“梨苑新居”住宅小区，4条主街、28条小巷全部进行了硬化、亮化、美化、净化、绿化改造，建成医疗卫生室、小学教学楼等民生工程，村民幸福感、获得感更加充实。2018年7月，山阳村党总支被山东省委评为“全省干事创业好班子”。

北孟整镇推行村党支部领办合作社实现集体与群众“双赢双增”

北孟镇是农业大镇，位于昌邑市最南部、三市区交界处，有92个村，7.2万人，175平方公里，南北狭长，北部土质肥沃，东南部土地贫瘠、水资源缺乏，农村集体经济薄弱的问题比较突出，半数村集体收入不足5万元。为彻底扭转村级集体经济整体薄弱的局面，北孟镇党委决定充分利用村党支部的政治优势、组织优势和合作社的经济优势，整镇推行村党支部领办合作社。高起点规划，高标准设计，激发乡村发展活力，确保各村集体收入均达到5万元以上，10万元以上的村数量较去年增长10%以上，实现村集体经济与农民收入“双赢双增”。

一、改革创新，解决村党支部领办合作社身份问题

《农民专业合作社法》明确规定，“具有管理公共事务职能的单位不得加入农民专业合作社”，因此村委会不能作为成员入股合作社，该项规定成为村党支部领办合作社的一大难题。为破解这一难题，昌邑市现代农业发展中心、昌邑市行政审批局与北孟镇共同攻关、大胆突破。在全国率先将农村产权制度改革后成立的村集体经济股份合作社作为成员加入农民专业合作社，创新解决了村党支部领办合作社的身份问题。目前，92个村已全面成立了由村党支部领办的合作社。

二、因村制宜，探索五种类型村党支部领办合作社

一是“众村飞地”型。对跨村、成员分散、产业特征明显、产业关联度高的合作社，依托“众村飞地”模式，建立合作社联合社，在小南孟村巩固发展“众村飞地”A区，在

朱家屯村、后朱村、东祝仙屯村发展“众村飞地”B 区、C 区、D 区。“飞地”型合作社可以强社带弱社，实现合作共赢。

二是土地资产收益型。农民自愿将土地入股合作社，合作社统一经营合作土地，可出租或者自营。农民由原来的自耕自种的“小地主”，转变为收取租金或红利的“股东”，不再参与农业生产与经营。形象地说就是：“土地变股权，农民当股东，有地不种地，收益靠分红”。从合作社和集体收入看：农户各家承包地之间的生产道路和户间隔浪费了部分耕地，土地联片后，原有的 1 000 亩地约多出 100 亩，可增收 10 万元，同时合作社可提取部分土地租赁收入差，按每亩地 50 元计算，1 000 亩地又可增收 5 万元；从群众收入看：加入了合作社，土地流转费每亩由以前的 400-600 元增加到 900-1 000 元，每亩地增收 400 元左右。

三是社会化服务收益型。北孟镇南部 30 多个村庄有 6 万余亩耕地，因水源条件限制，种植结构单一，主要是以种植小麦、玉米为主。通过发挥村级合作社的组织力量集约发展，整合农资、农机、土地等资源，组织开展小麦、玉米种植及收获机械社会化全程托管，统防统治，代购农业生产资料，技术指导等社会化服务。目前，各村依托合作社签约 4 万亩的玉米小麦农业生产托管服务项目，每户每亩节支增效近 200 元，合作社每亩可增收 20 元。植保飞防方面，每亩节约近 10 元。项目机井及配套变压器、管道提供灌溉服务方面，每社每年可增收 3 万多元。

四是生产经营型。立足本村产业特色，利用村级合作社将一家一户的农民组织起来，统一进行生产经营。结合 2 万亩生姜以及大蒜、桃、苹果等农产品优势，合作社组织起来统一进行技术培训，为社员提供农资、生产、加工、销售等一系列服务。“拧成一股绳，抱团闯市场”，对内实行民主管理，对外用一个声音说话，提高市场话语权。

五是农产品电商型。部分村党支部领办的合作社开始借助电子商务手段对接市场，既拓宽了销售渠道，更好地服务社员，同时也更好地满足消费者的需求。大力培育农村网红，实现直播带货。

三、巧做文章，融合推进村党支部领办合作社

与“乐万家”益农服务平台融合发展，有效解决益农服务进村“最后一公里”和农村

特色优势资源出村“最初一公里”问题。与昌邑农商银行加强战略合作，解决资本运转紧张难题。与脱贫攻坚紧密结合，有效避免贫困户返贫问题。注重加强合作社联合社建设，增强了合作社抵御市场风险和承接大项目的能力。尤其在脱贫攻坚方面，逐步将建档立卡脱贫享受政策贫困户作为成员加入村党支部领办的合作社，做到“二次分红”、多重保障、持续增收，让贫困群体在过上小康生活后，向更高富裕水平迈进！

北孟镇村党支部领办的合作社目标是社社有收入，村村见成效，户户均受益！在全面加强合作社运营的基础上打造一批省级示范社。以实际行动践行高质量发展理念，在增加村集体收入进程中，在“十四五”征程中，在乡村全面振兴道路上，干事创业，阔步前进！

小南孟村的共同富裕路

在北孟镇的小南孟村，每逢西红柿丰收季，各个蔬菜大棚和打包车间就会变得格外忙碌，前来现场采购的顾客也很多。据他们介绍，小南孟的西红柿口感好，酸甜可口，味道浓郁，适合生吃，远近闻名。小南孟西红柿的牌子这么响，首先得益于当地的土壤是沙质土，适合西红柿生长，用的水也是深井地下水进行滴灌。但产量高的深层次原因还得归功于村党支部领办的合作社，村党支部在充分调研的基础上引进了冬暖大棚，制定了统一的管理标准，保障了西红柿的好品质。在小南孟村打下的产业基础上，北孟镇党委、政府在该村创建昌邑市“众村飞地”创业产业园A区，吸引项目集聚，趟出了一条乡村产业振兴的好路子。

一、先行先试，小南孟村党支部趟出致富新路子

北孟镇小南孟村现有村民780户，2 400口人，耕地7 000多亩，党员74名，是北孟镇人口最多的村庄。过去的小南孟村，干部信任度低、党员作用性小、群众意见多、村容村貌差、集体收入少，作为当地第一大村，道路坑洼不平，一下雨，胡同里像水湾一样，外村人的第一印象就是穷！党员干部尽管心有不甘，但凝聚力上不去，关键环节没人担当，村级发展陷入泥淖之中。2014年，新班子当选后，以顺畅民意为切入点，以增收致富为突破口，以经营合作社为长远发展载体，着手实施“民心再塑”工程，重拾大村尊严，带领群众真正奔小康。

换届结束后，小南孟村召开“两委”会议研究对策，大家一致认为，当村干部政策原则要讲，乡情辈分也要讲，但两者难免会有冲突的时候，只要村干部不存私心，把所有的事说开，把所有的理讲透，大家的事大家商量着办，工作就不难。为此，无论村内大小事，小南孟村一律严格执行“五会一通过”相关程序，所有决议事项的记录均按照“白纸、黑字、红手印”的规定，在村务监督委员会全程监督下登记存档并落实执行。村干部

坦言，有事大家一起讨论，定好了马上办、一起办，还由大家伙监督。顾虑打消了，心气理顺了，工作开展起来也顺畅多了。按照群众意愿，最终商定将承包地价格上调并重新承包，促成村集体流转土地 1 800 亩，200 多户村民签订了合同，为村集体创收 50 万元。

民意顺畅了，小南孟村的党员干部得以放开手脚干事创业。小南孟村作为北孟镇第一大村，拥有 7 000 多亩的耕地，一直以来都是传统的种植模式，小麦、玉米占据了主导地位，农民收入上不去，越来越多的年轻人外出打工。村党支部深刻认识到，农业是漫长可持续产业，要想让农民收入不断上台阶，还得解放思想，让土地生金！ 2017 年，借着昌邑市委开展的寻标对标活动的东风，小南孟村党支部先后 8 次组织党员群众代表外出学习大棚种植技术，并 3 次组织专家考察论证，根据本地特有的沙土结构，确定发展大棚种植项目。党支部的规划得到全体村民的积极响应，在镇党委、政府的扶持下，在党员的示范引领下，采取“镇上支持一块、村集体投入一块、党员带头出一块”的方式筹集资金 700 万元，建设了由 27 个第六代冬暖式大棚组成的蔬菜、瓜果种植实验园。

二、以合作社为载体，趟出农产品生产经营新模式

通过外出学习，村干部一致认为，项目的生产经营从来离不开高效规范的制度管理，而合作社就是最接地气的载体。2017 年 5 月，由小南孟村党支部领办的孟南山蔬菜专业合作社正式成立，注册资金 1 020 万元，种植户均加入合作社，由合作社统一管理运营，主导产业是西红柿。

合作社在生产经营方面的优势显而易见，一是流转土地，在广泛征求群众意愿基础上，本着依法依规、公开透明的原则，通过规模流转土地作为蔬菜大棚项目的建设基地。二是统一招标，聘请专门公司，组织政府和社会认可度高的单位参加招投标，发挥规模优势，降低建设成本，通过统一招标每个棚建设成本 15 万元左右，比单个建设节省 1 万元左右的成本。三是统一建设，严格按照标准建设种植大棚，并由合作社配套建设好道路、水电管网等基础设施，每个棚按 5 万元的标准配套。四是统一运营，园区内的大棚可由村民出资 3 万元租赁种植，并加入孟南山蔬菜专业合作社，实行“五统一品”的管理经营模式，即：统一供苗、统一供肥、统一供药、统一指导、统一销售，打造一个品牌。其中销售主要采取订单预约、商场配送、电商销售三种方式，确保产品质量好、有销路、效益

高。五是技术支持，聘请山东农业大学专家担任科技副镇长，协助指导项目运营，专门聘请两名行业内经验丰富的专家担任农业顾问，全程参与大棚种植的管理销售，确保增值增效。

在合作社的日常生产经营中，小南孟村党支部更加注重党建引领作用，运用“党支部+合作社+种植户”组织模式，由党支部制定帮扶计划，重点培养一批种植能手作为合作社骨干，再指导农户进行经济作物种植，并提供一系列优惠措施，在党支部和党员的共同努力下，广大种植户只需安心学习种植技术，练就了过硬的现代农业本领。现在合作社的每个大棚年产西红柿 35 000 余斤，均价 3.5 元左右，纯收入 8 万元以上，每年上缴合作社 8 000 元，仅此一项合作社年收入就达 20 多万元。

三、探索“众村飞地”模式，助力村集体和群众“双赢双增”

小南孟村通过党支部领办的孟南山蔬菜专业合作社，发展大棚蔬菜，由合作社统一管理，每年可为集体增收 20 万元以上，大棚承包户年增收 8 万元以上，积累了较为成功的经验。为进一步发挥该村的产业优势，经北孟镇党委、政府研究，决定借鉴运用“互联网众筹”思维，探索构建政府主导、企业运作、多元参与、整体联动的“飞地农业”模式，在小南孟村打造了昌邑市“众村飞地”创业产业园 A 区，通过组织全镇部分集体经济薄弱村跨区域集中到园区建设大棚的方式，实现村集体经济和农民收入的“双赢双增”。

“飞地农业”模式本身就是一个帮扶项目，这些建棚村都有自己的帮扶单位，建设大棚的费用来源于各帮扶单位的帮扶资金，这种帮扶模式本身就可以让帮扶资金活起来，让帮扶由“输血”转变为“造血”。各村党支部领办的合作社在上级帮扶单位的扶持下，纷纷跨区域在该村投资建设蔬菜大棚，现在已初具规模。

目前，项目除一期由小南孟的合作社经营外，二期、三期共 50 个大棚，包括 46 个种植大棚、1 个打包车间、1 个育苗棚和 2 个连体大棚，按照“企业主体、政府推动、市场运作、合作共赢”的原则，由引进的亿丰农业发展有限公司全部承包、统一经营，对园区进行整体管理，提高了项目的市场化程度，每年为各村合作社带来稳定收益，切实增加村集体的“造血”功能。同时实现了各类项目和资金的集聚，包括小南孟果树种植基地配套设施建设、产业扶贫蔬菜大棚项目、水库移民后期扶持基金等，不仅壮大了园区规模，还为贫困户带来项目分红，实现以产业扶贫助力脱贫攻坚。同时坚持做好与“双招双引”、乡村振兴紧密结合的文章，积极引进发展前景好、经济效益高的农业龙头企业带动园区发展，把各类项目和资金集聚到园区。

在小南孟村党支部的探索下，在北孟镇党委的统筹谋划下，小南孟村取得了骄人的成绩，描绘出现代农业发展的美丽蓝图：下步将在“众村飞地”创业产业园 A 区成立农民专业合作社联合社，通过合作社之间在产权、资本、经济利益上的联合，把低小散的农户和合作社力量聚合起来，抱团发展。成员社之间可以实现优势互补，品牌共用，信息共享，共同应对大市场。各成员单位之间通过产业、技术、信息、服务的互为补充，达到降成本、扶技术、促增收的目的。同时，增强了合作社抵御市场风险和承接大项目的功效，进一步提升带领农民增收致富的能力。

朱家屯村党支部领办土地股份合作社壮大集体经济促进农民增收

北孟镇朱家屯村党支部书记，现在多了一个新身份——昌邑市朱家屯土地股份合作社理事长，他常说："村集体薄弱是困扰很多村发展的主要问题，而机会不是等来的，是主动闯出来的，就看我们能否主动担当，迈出大胆的一步。"在支部书记的带领下，由朱家屯村党支部领办的土地股份合作社正在不断向前探索，迎来一个新的春天。

一、解放思想，实事求是，村党支部抓实理念"充电"

北孟镇朱家屯村，现有村民150户、550人，党员24名，村"两委"共3人，全部交叉任职，村庄不大，村干部也不多，但不影响该村思想的解放和突破。"做好新时期的农村工作，说一千、道一万，增加集体和村民收入是关键。"这是一名村支部委员在参加支委会时进行的交流发言。支部书记坦言，换做以前，这种实际的发言是很少有的，我们就是以召开支委会为平台，围绕村级发展畅所欲言，不断进行思想碰撞。常言道，三个臭皮匠赛过诸葛亮，一些好的想法经常就在交流中产生，并达成共识。自2014年新班子上台以来，朱家屯村就着手研究破解"村干部难干"的难题，通过入户走访了解，发现在老百姓心目中班子威信不高，认为朱家屯村不能因为整村入驻镇址小区就止步，班子应该更有所作为。为此，村党支部首先抓班子队伍建设，经常性召开支委会，研究村庄发展规划。在此基础上，不断严肃组织生活，由班子成员带头落实，通过村干部示范引领和落实党员积分制管理，党员参会率稳步提升，支部成员自信地说："朱家屯村的主题党日，自新班子上台以来，成员从未缺席过一次，会议从未延迟过一次，风雨无阻！"思想的充电解放了村干部的思维模式，同时树立了班子的威信，为下步党支部领办合作社打下了坚实的基础。

二、探索增收致富之路

村集体增收、村民致富绝不是嘴上功夫，朱家屯村党支部以不达目的誓不罢休的决心积极探索，在路上也碰了不少壁。朱家屯村响应上级号召入住新小区后，村民传统的生产经营模式被打破，更多村民选择到就近的企业上班，种植业收入逐步转为务工收入，村民收入相较传统种植有了提升。一般说，人的名，树的影，群众能满意，村干部能创个好名声就行了。但面对村民安居乐业、老有所养的现状，朱家屯村党支部工作清闲了，内心反而静不下来了："我们村干部难道就只能天天坐办公室，给村民办办小事？我们还能再干点什么？"支部成员于是逐户征求村民的意见，却换来了群众的冷眼，大家认为村干部在土地问题上"有猫腻""打小算盘"。但经过调研，村党支部也清醒地认识到，本村的发展还面临诸多问题，一是搬迁后因为镇区与村庄距离较远，务农人数锐减，闲置耕地越来越多，二是村民的收入增长缓慢，并未因生产方式的改变获得明显改善，三是村庄的下步发展缺少明确目标。

功夫不负有心人，2015 年，村内引进鑫盛家庭农场，党支部对村内闲置土地进行了整体流转，由农业龙头企业种植小葱、大姜、菠菜等高产经济作物，实行订单式销售，保证了利润，企业每年按照合同约定支付土地承包费，朱家屯村初步实现了第一轮集体和村民增收。随着土地的规模流转，很多村民不再种地，赋闲在家，村党支部又面临很多村民打不上工的问题，于是村干部结合本村实际情况，进入深入研讨，研讨的几个主题是"怎样解决群众就业，让老百姓过上更加富裕的生活？""怎样在带领全村百姓发家致富中更加突出党支部作用？""土地流转的钱是死的，怎样立项，放长线，不断壮大村集体经济？"起初意见也不统一，许多意见有展望但是缺乏可行性。正值此时，北孟镇党委号召整镇推行村党支部领办合作社，让朱家屯村党支部看到了时机，决定率先成立合作社。

2019 年上旬，朱家屯村在全镇率先成立了由村党支部领办的土地股份合作社，并于第一时间申请了认证。土地股份合作社通过将土地全部流转，村民的土地全部入股，每年分红盈利。农民由原来的自耕自种的"小地主"，转变为收取租金或红利的"股东"，不再参与农业生产与经营。形象地说就是："土地变股权，农民当股东，有地不种地，收益靠分红"。村民将土地加入合作社后，土地流转费每亩由以前的 400-600 元增加到 900-1 000

元，每亩地增收400元左右；过去，农户各家承包地之间的生产道路和户间隔浪费了部分耕地，现在土地联片后，原有的1 000亩地约多出100亩，可增收10万元，同时合作社可提取部分土地租赁收入差，按每亩地50元计算，1 000亩地又可增收5万元。朱家屯村党支部依托合作社将土地重新反包500亩，实现村集体增收10万元。通过村党支部领办的土地股份合作社，实现了村集体经济与农民收入“双赢双增”！

三、深入挖掘合作社优势，推动乡村振兴走在前列

村党支部领办合作社助推新型职业农民队伍建设。当前朱家屯村原址建设起鑫盛田园综合体2 000亩果蔬种植园区，采用先进的管理理念，由山东农业大学教授定点指导，配备先进农业机械和无公害蔬菜检验设备，主要种植大姜、有机菠菜、日本小葱等高产高效经济作物，与肯德基、中百佳乐家、青岛外贸等签订协议，实行订单式、一体化销售。在朱家屯村党支部的推动下，农业园区与合作社的交流更加密切，村内可通过合作社组织劳务输出，不仅增加合作社收入，又能解决群众的就业问题，还能培训一批有文化、懂技术、会经营的新型职业农民和农村青年致富带头人，壮大村级带头人队伍后备力量。

村党支部领办合作社实现与农商银行战略合作。以政府组织优势和银行金融服务优势的互利互惠为基础，聚集双方优势资源，从产品创新、流程优化、普惠金融等方面进行深度合作，破除过去合作社因缺少抵押物导致的贷款难等发展“瓶颈”，解决资本运转紧张难题。昌邑农商银行成立了金融小分队，依托“线下＋线上”两种渠道的服务优势——线下网点遍布多、人员数量多、服务客户范围广，线上互联网、大数据、金融科技等手段信息便捷，创新了农村金融服务模式，为助力村党支部领办合作社提供了更精准、更便捷、更实惠、更安全的“保姆式”金融服务。朱家屯村党支部与农商银行建立战略合作关系，加快了工作步伐，有助于培育打造专业合作社。

村党支部领办合作社助力产业振兴和脱贫攻坚。朱家屯村党支部按照“组建一个合作社、兴起一项大产业、致富一方老百姓”的工作思路，在做好土地股份合作社的基础上，积极探索其他形式的合作社，计划由理事会成员五人每人集资一万元，加上村集体四十五万元，建设6个蔬菜大棚，将建起来的大棚通过租赁和转包的形式，租给种植大户或农业龙头企业来经营，通过每年收取承包费，增强村集体的“造血”功能，放长线增加村集体

收入。同时引导合作社立足村情户情，组织带领贫困户发展种子种业、果蔬、乡村旅游、光伏等扶贫产业以及小杂粮、花卉等小微业态，推动合作社发展壮大。贫困户、贫困群众优先入社，使贫困户、贫困群众在脱贫之后，不但能够长久保持，而且能够依靠合作社走上小康路，缩小与富裕户的差距。

前进路上，没有思想的破冰，就没有行动的突围。朱家屯村党支部难能可贵之处在于始终牢固树立党建引领的理念，坚持党支部领办合作社的初衷，带领全村党员、群众，以头拱地、嗷嗷叫的拼劲，以不服输、不争前列誓不罢休的争劲，以你追我赶、早下手抢主动、永不慢半拍的抢劲，以风险评估、理性决策、不留后患、不背包袱、快干但不蛮干的稳劲，展现党员担当，为打造乡村振兴样板提供朴实无华又充满生机的经验和力量！

下部　探索篇

昌邑市现代农业发展调研报告

发展现代农业，是推进农业农村经济跨越发展的重要举措，也是促进农民增收的有效途径。近年来，昌邑市积极发展生态农业与低碳农业，以发展优质、生态、高效农业为目标，加快“转方式、调结构”，推进农业转型升级，走出了一条独具特色的现代农业发展路子。围绕如何加快我市现代农业发展、培育农业发展新优势，我对我市的发展情况进行了调研分析，借鉴先进县市区经验做法，提出一些对策建议。

一、昌邑市现代农业发展现状

（一）现代农业的内涵。现代农业是相对于传统农业而言的，它是工业化发展到一定阶段的必然产物。发展现代农业，就是以资本、物质和技术等先进要素为基础，对传统农业进行改造，以工业化的生产手段装备农业，以先进的科学技术提升农业，以社会化的服务体系支持农业，以科学的经营理念管理农业，最终实现农业增长方式的转变。从过程看，是依靠科技，培育名牌，实现农业的集约化生产、区域化布局和产业化经营，从结果看，是不断提高农业的生产水平和产品档次，实现农业的高产、优质、高效和可持续发展。

（二）昌邑市自然地理和农业发展基本情况。昌邑市位于山东半岛西北部，渤海莱州湾南岸。属于暖温带半湿润季风区大陆性气候，光照充足，热量丰富，四季分明，适合农作物种植。全年无霜期 195 天，年平均降雨量 604.5 毫米。全市总面积 1 627.5 平方公里，拥有耕地面积 89 万亩。全市农作物总播种面积 145.07 万亩。昌邑市总人口 58 万人，其中农业人口 50 万。2012 年度，昌邑市国内生产总值 297.95 亿元，其中农业增加值 31.29 亿元，占国内生产总值的 10.5%。2011—2012 年农民人均纯收入分别为 10 496 元和 11 860 元。

（三）昌邑市现代农业发展取得的成效。

近几年，全市围绕保障粮食生产有效供应，确保农产品质量安全，通过实施国家优质粮食产业工程项目，全面提升农业综合能力，逐渐形成了以粮食和经济作物为主，大姜、马铃薯、果品等特色产业齐头并进的良好发展格局。

1. 主导产业优势明显提高。2012 年，全市粮食总播种面积 116.1 万亩，总产达到 56.6 万吨，实现十连增，被省政府授予“全省粮食生产十连增优胜单位”。粮食高产创建项目建设成效显著，在 3 个粮食主产镇建设了 13 个万亩示范方。2012 年，粮食生产机械化实现历史性突破，全市小麦生产基本实现全过程机械化，机械化程度达 98% 以上，玉米标准化直播率达到 87%，玉米机收率达到 70% 以上，处于全省前列。二是棉花生产处于全国领先水平。棉花种植面积 12.2 万亩，总产 1.1 万吨，商品率为 95.2%。三是蔬菜生产规模效益显著。2012 年全市蔬菜播种面积 15.2 万亩，总产达到 55.4 万吨，产值近 14.6 亿元。四是果品产业特色鲜明。2012 年全市果品面积 3.3 万亩，总产 7.9 万吨，认证果品品牌 7 个，其中，“山阳大梨”被农业部认定为国家地理标志产品。

2. 农业生产基础条件良好。近年来，昌邑市借助国家、潍坊市各类农业项目的实施，每年投入建设资金 2 亿多元，对中低产田进行改造，并改善水、电、路等基础设施。实施了一批重点水利工程、农村新能源建设工程，大大改善了农业和农村生产生活条件。全市有效灌溉面积 68.1 万亩，节水灌溉面积 31.35 万亩，占有效灌溉面积的 46%。

3. 农业标准化生产水平不断提升。全市农业标准化生产基地 60 处，面积 36 万亩，占耕地面积的 40.4%。获得“三品一标”认证农产品 69 个，其中国家地理标志登记产品 2 个，保护区域面积达到 80 万亩。全市建有镇级检测站 10 个，基地检测室 20 个。完善了 3 处重点农产品批发市场农产品质量检测、产品追溯等市场准入制度，农产品检测合格率达到 98% 以上。

4. 农业产业化经营水平较高。围绕优势特色产业，大力推行“公司 + 基地 + 农户”“市场 + 农户”“专业合作社 + 农户”等产业化经营模式，全力提升农业产业化经营水平。培育了一批带动力强的大型农业龙头企业，发展了一批辐射面广的中小型龙头企业，不断壮大农业企业群体。全市规模以上的农产品加工龙头企业 48 家，年实现销售收入 33.9 亿元。拥有农业产业化潍坊市龙头企业 36 家，省级 3 家，国家级 1 家，带动基地面积 30 多万亩。400 多家农民专业合作社带动农户 6 万户，年销售农副产品 100 万吨。

全市农产品批发市场5处，农业部定点批发市场山东宏大农产品批发市场年交易额达到80亿元以上。

5. 农业科技推广体系不断健全。近几年，在充分发挥市镇两级农业科技服务队伍作用的基础上，我市着眼于机制创新，通过进一步明确职能、理顺管理体制、完善工作机制、提升业务素质等措施，农技推广机构实现了“职能明确、人员到位、力量匹配、业务规范、服务有力”的标准。全市农技推广队伍稳定，工作扎实有效，小麦、玉米、棉花种植面积、单产和总产稳步提升，产业升级明显。与山东省农科院、山东农业大学建立了科技联姻关系，长年聘请青岛农业大学林琪教授，山东农业大学董树亭、徐坤教授，山东农科院王法宏研究员为技术顾问，每年不定期邀请省市级专家、教授来昌邑进行科研、教学、指导活动，每年培训技术人员、科技示范户1.2万人次以上。

6. 农业信息化服务水平迅速提高。成立全国第一家县域农业信息化研究中心，设立山东华邑实业有限公司院士工作站，最大限度为农业信息化发展提供积极支持。完善了县级农业综合信息服务平台建设。充分利用“智慧昌邑”服务平台和农业信息网，重点开展县级平台中心（门户网站、呼叫中心、短彩信、手机报、远程诊断、网络电视）和县业务中心（含技术推广、政策信息、市场信息等业务系统）的建设工作。成功入围山东省首批农业物联网示范县，重点在大田生产上开展农情、灾情、旱情、病虫草害监测、测土配方施肥等建设。

二、昌邑市现代农业发展存在的主要问题

对照先进县市区，我们主要存在的问题：

（一）产业规划起点不高，园区建设标准低。

各镇街区对现代农业发展缺少科学准确的定位，没有高起点规划出现代农业产业园区，没有引导企业入园形成规模，形成亮点。先进县市区定位准确，市、镇、村全面启动，规模大，亮点多。寿光市规划发展了大西环现代农业走廊；诸城市重点规范完善10大现代农业示范园区、10大农产品质量安全示范园区，各镇街也建设了各具特色的现代农业示范园区；青州市确立了北部发展设施蔬菜、中部花卉、东部设施瓜类的布局；高密市重点发展“五大基地十大园区”，每个镇街区建设一个千亩以上的高效农业示范园区。

（二）设施农业少，产品知名度低。

设施农业发展滞后。全市蔬菜面积 15 万亩左右，设施蔬菜栽培面积不足 500 亩，主要是以农户分散生产、大田种植为主，品牌发展资源匮乏，品牌培育缺乏认证主体。全市品牌总量列潍坊市第 10 位，缺乏叫得响的农业知名品牌，仅有的 26 个农业品牌只局限于大姜、马铃薯、大蒜、梨枣、食用菌等少数产品。

（三）农业龙头企业总量偏小，影响带动能力弱。

全市潍坊市级农业龙头企业仅 32 家，种植、养殖类初端企业占到三分之一，缺乏辐射带动能力强、真正有影响力的龙头 + 基地 + 农户企业。

（四）农产品质量安全监管体系有待完善，公共监管平台亟待建立。市里没有成立正式编制的农产品质量安全管理办公室，镇街区没有建立“三位一体”的农产品质量安全管理机构，没有农产品质量安全综合监管服务场所；农产品质量检测体系不完善，无法正常开展工作。农产品质量安全属地管理作用未充分发挥。

（五）传统农民科学素质偏低影响现代农业发展。培养新型农民是中国新农村建设的重要内容，没有农民科学文化素质的提高，没有适应现代农业建设需要的新型农民，现代农业就无从谈起。目前，我市农民文化知识和受教育程度普遍低下，在市场经济趋利心理的推动下，农民的市场意识、法律意识、诚信意识普遍不高，在市场主体中处于弱势地位。

（六）农村基础设施不完善制约了农业发展。近年来，农业和农村生产生活条件有了极大改善。但是很多地方水利工程建成后因各种原因不能投入使用，往往处于闲置状态，比如 2010 年，下营开发区衬砌渠道 20.5 公里，配套建筑物 187 座，可控灌面积 1.5 万亩，因水源不足，造成水利设施大量闲置。没起到应有的作用。

三、加快现代农业发展的几点对策建议

（一）因地制宜，优化农业布局。积极引导优势产业向优势区域集聚。根据“四大”主导产业及其农业产业化、信息化、生态循环等关联产业的发展，着力构建以核心示范区或核心基地为载体的各类主导产业发展的优势区域板块。重点建设“一带三区五大基地三十个园区”发展格局（即沿潍河高效农业聚集带；北部建立 15 万亩优质棉花规模种植区，

中部建立15万亩高效蔬菜规模种植区，南部和东部建立20万亩高产粮食规模种植区；以优质专用麦为重点的商品粮生产基地，以大姜、土豆为重点的绿色蔬菜生产基地，以山阳大梨、大陆梨枣为重点的特色果品生产基地，以宝迪食品、宏大市场为带动的农产品加工物流基地，以盐碱地抗虫棉为重点的优质棉花生产基地），大力发展粮食、棉花、蔬菜、果品“四大产业”，高起点高标准建设一批粮食高产、优质棉花、绿色蔬菜、特色果品示范园区，扶持一批国家和省级农业产业化龙头企业，加快现代农业发展进程。到2017年，“一带三区五大基地三十个园区”的建设任务基本完成，带动主导产业拓展提升，全市现代农业示范区建设取得突破性进展。

（二）实施"品牌惠农"战略，促进产品核心竞争力的提升。

实施农产品品牌战略，切实加快无公害、绿色、有机农产品及畜产品认证，发挥品牌效应，提高市场占有份额。一是突出特色，明确品牌农业重点。要选择本地传统产品，比如山阳大梨、卜庄梨枣、九龙屯大蒜、西郭马铃薯等优势产业做大做强。二是规范标准，增强品牌的后劲。标准化是品牌的基础，要以提高农业组织化程度来实施规模化生产，实现农产品生产的标准化。要依托龙头企业、农民专业合作社做好技术推广工作，并进一步改进农产品包装工作。三是经营市场，放大品牌的效益。以实现品牌价值为核心，加强产品的宣传推介，加快市场培育和流通体系建设，实现品牌效益最大化。要搭建文化平台，增加产品的文化底蕴，坚持以“特”扬名，以“土”取胜。同时打造销售平台，培育市场。促进产品大流通，增强产品的辐射力。

（三）推进农业产业化经营，提高农业组织化程度。

实践证明，发展农业产业化经营，有利于实现农户的小规模生产与国内外大市场的对接；有利于促进农业化效益的提高，增加农民收入；有利于促进科技水平的提高，实现农业的集约化经营。是中国农业逐步走向现代化的现实途径。推进农业产业化经营一要加快龙头企业发展，提升产业化水平。一方面，各镇街区要通过扩大招商引资等措施，增加农业龙头企业总量。深入企业调查研究，主动服务，积极帮助企业解决实际困难，切实提高企业申报积极性。另一方面，加大扶持力度，促进企业扩规模上档次。各镇街区要以工业化理念引领农业，大力发展农产品加工业，着重培育一批市场竞争力强、辐射范围广的农业龙头企业。实施农业龙头企业提升工程，提高农产品精深加工能力，最大限度增加农产品附加值。市农业局积极争取上级优惠政策扶持，在贷款贴息、项目承担等方面，最大限度地让企业享受更大优惠，促其做大做强。

二要大力发展农村专业合作经济组织。着力提升农村专业合作经济组织的管理水平，增强农村专业合作经济组织的经济实力，引导农民传统生产方式的转变。

（四）构建“五大”体系，提升农业管理水平。

围绕构建农业化学投入品源头化监管体系、质量安全网络化检测体系、生产基地规范化管理体系、科技推广特色化服务体系和生产监管常态化责任体系，重点解决以下问题。一是建体系。市级设立农安办，镇街区设立农产品质量安全管理办公室（可以挂靠在农业综合服务中心），各村设立农产品质量安全管理员，建立起三级联动、全面覆盖的行政监管网络。关键是编办正式行文，人员真正到位，工作迅速开展。二是强能力。主要是加快市农产品质量检测中心建设，解决办公场所，配齐必需设备，争取通过省级认证；镇街区建起农产品质量监管检测机构，配齐工作人员并开展工作。三是抓源头。建立农产品质量安全监管服务大厅。搞好农业投入品的登记备案市场准入、植物检疫、技术服务、信息发布等工作。从长远看，借鉴外地的经验，建成一个大型农资市场，让所有农资经营批发大户进入市场，集中经营管理。四是控过程。发挥好龙头企业和经济合作组织的作用，加快品牌认证，落实“五统一”管理模式，提高产品知名度。五是严考核，要分解落实责任，加强目标考核，保证各项工作落到实处。

（五）加大培训力度，促进农民向新型农民转变。2013 年中央一号文件指出，要以科技的创新驱动引领支撑现代农业的发展，充分说明了提高农民科技素质的重要。当前，农业劳动力结构正面临大的调整和新的变化。大量有文化的年轻人进城务工，农业劳动者队伍老化、后继乏人问题日益凸显，培养适应现代农业发展要求的新型农民显得尤为重要。为此，要大力实施农民培训工程，推进人才强农战略。强化农民职业培训，着力培养一大批种养业能手、农机作业能手、科技带头人等新型职业农民，使全市家家都有种地明白人或种田能手。着重培养村干部、农民专业合作社负责人、大学生村干部、村科技员，发挥他们的示范带动作用。每个村要明确一个科技员，政府可参照村干部的待遇给予一定补助。每年从每个村选取 3-5 人定期（每半年）参加市里统一组织的免费农业科技培训。根据农业季节性生产特点，有针对性地对广大农民进行科普教育、田间地头现场指导，提高农民科技素质和参与新型农业现代化的本领。另外，要鼓励赚了钱的“小老板”回乡创业，将理念、资金、技术带回来，促进家乡发展。

（六）强化农业基础设施建设，不断提升农业设施水平。

先进的农业设施是发展现代农业的重要物质基础，没有农业设施的现代化，就没有农业的现代化。因此，一是有效推进农田水利设施建设。大力推广节水技术，逐步推广滴灌、喷灌等节水型农业。加强耕地质量建设，引导农民科学施用化肥，增施有机肥，全面提升地力。二是大力发展设施农业。进一步加大新机械、新技术的推广力度，着力提高特色主导产业的装备水平。

付洪芬

2014 年 6 月

昌邑市农民专业合作社的现状及发展建议

近年来，随着农业生产的快速发展、农业产业结构调整步伐的加快，我市农村各类专业合作社应运而生，并依托市场发展优势产业和特色产品，用组织化方式盘活了“产、供、销”路子。农民专业合作社是农村经济社会发展的必然产物，是小农户连接大市场的重要载体，更是加快发展特色产业的有效手段。农民专业合作社的发展，极大地调动了广大农民的积极性，为农业发展注入了强大的活力，有效地促进了农业产业化进程和农民增收。但是，受多种因素影响，农民专业合作社的发展依然存在一些新情况和新问题亟待解决。

一、合作社发展现状及成效

我市现有农业人口 49 万人，农户 15 万户，农业生产以种植蔬菜瓜果及大豆、玉米、小麦等粮食作物和畜牧养殖为主，由于民营企业比较发达，农民收入中来自农业的只占 29%。

从调查了解的总体情况看，我市农民专业合作社主要有以下几个特点和成效。

（一）发展速度较快，登记注册数量较多。《农民专业合作社法》于 2007 年 7 月 1 日颁布实施以后，国家以法律保护和支持农民专业合作组织的权益，同时又有近十年的以协会为主要形式的合作经济组织发展经验，所以我市农民专业合作社发展虽然起步较晚，但发展态势良好，并逐渐进入快速健康发展的轨道。截至 2016 年 6 月 8 日，我市经工商注册的农民专业合作社共有 1 159 家，注册资金 172 077.5 万元。加入合作社 10 166 人，带动农户 42 000 多户，占全市农户的 28%。

（二）创办主体多样化，农村中坚力量向合作社聚集。各地坚持因地制宜，鼓励多主体创办，逐步形成了能人大户带头型、龙头企业带动型、村干部领办型、涉农部门引导型等多种形式。从调查情况看，农村种养大户、技术能人、村“两委”负责人等牵头兴办的占 82 %，已成为合作社发展的中坚力量。

（三）区域特色比较明显，产业集群逐步形成。多数农民专业合作社是围绕当地主导产业和特色产品建立的，坚持以市场为导向，以同类农产品为纽带，实行专业化生产和经营，加快了产业集群的形成。如石埠以蔬菜、土豆合作社为特色，都昌以大姜合作社为特色，下营以水产养殖合作社为特色，卜庄以梨枣合作社为特色，龙池以棉花合作社为特色，饮马以食用菌为特色。这种产业性的联合有利于促进“一乡一业”“一村一品”和特色优势产业的发展。

（四）合作领域不断拓宽，品牌效应逐步显现。农民专业合作领域已逐步发展到种植、养殖、加工、资源开发、农机服务等多个方面。我市 1 159 家农民专业合作社按结构划分，种植业 700 个，畜牧业 188 个，渔业 29 个，林业 111 个，服务业 131 个。可见我市的农民专业合作社主要集中在种植业和畜牧业的生产经营领域，占到总数的 76.6 %。服务区域已从本乡本村为主转向跨乡镇拓展。服务内容已从单一的生产资料购买、生产技术服务等方面的合作，向开展标准化生产、进行无公害基地认证和品牌包装等经营领域的合作拓展，较好地把产前、产中、产后的各个生产和经营环节统一起来，提高了农产品的市场竞争力。

（五）合作效果良好，发挥作用较大。我市通过发展农民专业合作组织，促进了农民组织化程度的提高，增强了抵御市场风险的能力；促进了农业产业结构调整，发展了优势产业；促进了农产品品牌战略，提高了质量安全水平；促进了农业增效、农民增收。

下营镇的昌邑市鼎立薄壳核桃种植专业合作社占地 1 350 亩，入社成员 52 户，带动周边农户 490 户，种植面积 3 600 亩左右。年产核桃 20 万斤左右，核桃育苗 40 万株，榛子育苗 20 万株。年销售收入 1 800 万元，社员人均增收 25 000 元。

石埠蔬菜农民专业合作社创建于 2009 年 9 月，成员 148 人，目前已发展会员 500 多个，合作社以蔬菜批发市场为依托，辐射带动周边农民发展无公害大姜种植 3 万亩，土豆 3.5 万亩，西瓜 1.5 万亩，圆葱、大蒜、草莓等万亩农产品，合作社以“合作社 + 市场 + 农户”的经营管理模式，发展产业化种植基地，与市场周边 5 000 户农民签订了种植大姜及土豆等蔬菜的种植收购合同，形成了一个种植面积达 7.5 万亩的稳固的生产基地。2011 年 5 月经农业部农产品质量安全中心认定，种植的大姜均为无公害食品。

大陆梨枣农民专业合作社吸收镇内外梨枣种植户 500 多户，带动发展梨枣、冬枣等优质品种达 5 000 多亩，年销售收入 5 000 多万元，社员比非社员增收 20% 以上。

西永安村支部书记带领成立永安葡萄种植专业合作社，建葡萄大棚 800 个，1 500 亩，注册了“山永”牌葡萄商标，并被认定为绿色食品，2013 年 7 月创办了葡萄节，每亩葡萄收入 1.5 万—2 万元，合作社带领农民共同致富。

二、存在的问题

农民专业合作社经过 9 年的发展，取得了可喜的成效，但同时也存在一些不容忽视的问题。

（一）规模较小，实力不强，农民合作意识较低。大部分农民专业合作社规模小，成员少，实力弱，聚拢和示范作用不强，难以发展壮大。全市现有的 1 159 家专业合作社中，多数成员较少，在十人左右。由于规模普遍较小，组织化程度较低，导致专业合作社自身经济实力较弱，竞争力不强。1 159 家专业合作社中，注册资金过千万元的只有十几家，最少注册资金不足万元，多数农民专业合作社再生产和流动资金几乎没有，未形成规模化经营的实力。同时部分农民小农意识仍很严重，缺乏大局意识，成员议事意见难以统一。一些不愿加入合作社的农户主要对合作社的管理不放心，怕麻烦。

（二）专业不突出，优势不明显，缺乏管理和技术型人才。目前合作社的牵头人，大多是一些农村能人和专业户，多数属于传统型农民，学历不高，缺乏专业知识。而且，由于农业是弱势产业，许多专业和技术人才并不愿意投身合作社，因此缺乏专门的管理人才和技术骨干，如鼎立薄壳核桃种植专业合作社，全靠其大股东一人张罗种植和销售。此外，由于缺乏相应的技术指导，部分农民专业合作社只有成员的发展意愿，不具优势，没有自己的品牌和特色，直接影响到市场竞争力的提高，合作社难以持续发展壮大。

（三）运作不规范，合作层次不高。部分合作社仍是松散型的，没有按照《农民专业合作社法》的要求组建成实体型的；有的仍然按照农村经纪人模式运作，盈亏属于自己，与成员无关；有的组建时就只考虑自己的利益，属于公司性质，只是拉人入伙，与合作社法定目的相去甚远。在合作上，首先是服务范围窄，绝大多数合作社服务的范围仅限于本乡镇，相当一部分局限于本村的几户，跨乡镇发展的合作社还非常少；其次是合作环节少，多数合作社合作项目少、合作内容单一，基本停留在农资供应、生产管理、产品销售等环节上，在产品加工、仓储、运输、品牌创建、营销网点等环节上还比较欠缺，不能为成员及周边农户提供产前、产中、产后一条龙服务；最后是产业链条短，主要经营模式还是生产、销售初级农产品，从事系列产品和高附加值精深加工产品经营的少之又少。

（四）资金紧张，融资难。资金仍然是制约和影响合作社发展壮大的重要因素和主要瓶颈，部分合作社由于缺少资金及融资渠道不畅，生产经营受阻，目前存在的最大问题就是合作社无法以法人资格获取金融贷款，而仅靠农民个人贷款额度较小，满足不了合作社日益发展壮大的需求。以位于饮马镇的昌邑市天福园生态农民专业合作社为例，合作社规划建设一处集生态旅游、休闲娱乐、现场采摘于一体的现代农业生态园，占地 290 亩，总投资 300 万元。其中建设高档钢管智能特色蔬菜种植大棚 35 个，占地 105 亩；建设韩国引进的高档全自动观光采摘葡萄大棚两个，占地 50 亩；建设高档钢管智能葡萄大棚 54 个，占地 124 亩。以上投资主要依靠两个企业老板出资，还要建设一个葡萄酒、葡萄汁加工车间，将合作社内的道路全部建成葡萄观光长廊等工程，面临资金难题，成员拿不起，银行贷款难，要做大做强受到资金的限制。

（五）自身建设不够到位，内部管理不完善。主要表现在部分合作社“重组建，轻运营”“重形式，轻效益”，规范的企业化运营机制尚未建立起来。部分合作社运行管理不够民主，成员主人翁意识不够强，利益连接不够紧密，分配机制不够完善，大部分合作社与农民的利益联结方式只是买断式或订单式，社员基本上享受不到盈余返还；运行管理不够规范，政社不分、企社不分现象依然存在；商业目标运作特点突出，部分合作社的牵头人通过成立农民专业合作社套取相关的涉农优惠政策，同时，又以发展成员的方式扩大和稳定市场客户群，侵害了合作社成员的利益。另外财务核算不规范。目前，按照《农民专业合作社财务会计制度》要求规范建账的合作社不足一半，有的没有专门的财会人员，有的账目建立不规范，还有少数合作社根本没有开展财务核算工作。已建账核算的合作社，在票据使用、资金监管、物资收发、产品销售、项目建设、成员账户等方面还存在薄弱环节。

三、对策与建议

（一）以农民为主体，多元模式建社。要把千家万户的农民联合起来，首先要解决的是牵头创建主体的问题。按照“民办、民管、民受益”的原则，鼓励和引导企业、大户、经营能人、技术骨干等有实力、有影响力的人，发挥其生产、营销、技术、品牌、流通等方面的优势，牵头组建合作社，以创办主体的多元化实现建设模式的多元化，探索企业带动创办型、产业大户牵头型、农村能人领办型、农民自愿联合型等多种发展模式。同时，鼓励和帮助有条件的农民专业合作社与其他村、其他乡镇联合成立联合社，扩大规模，优势互补，资源共享，采取“龙头企业 + 合作社 + 基地 + 农户”“合作社 + 基地 + 农户”“公司 + 技术服务站 + 合作社 + 农户”等运作模式，探索出统一提供种子或种源、统一提供肥料或饲料、统一技术培训、统一参加保险、统一防病治虫或防疫消毒和统一销售产品“六统一”运行机制，推动越来越多的专业合作社从单一的产前、产中等生产领域合作，向流通、加工、品牌等经营领域合作拓展，在市场信息、业务培训、技术指导和产品运销方面为成员提供稳定的服务，提升合作社的凝聚力和带动力。

（二）围绕主导产业发展，突出特色建社。农民专业合作社建设要紧紧围绕当地主导产业，突出特色，以产业立社，以社促发展。坚持因地制宜，切合实际，切实发挥专业合作社作用，带动特色产业规模发展，提升农业产业化经营水平，达到围绕特色产业建社、建社推进特色产业发展的效果。

（三）强化保障措施，扶持扩大发展。首先是强化组织保障，建立县、乡（镇）、村三级组织领导机构，实行责任、培训、指导、督查四位一体的推进机制。其次是强化政策支持，制定和落实扶持奖励、财政补助、税收优惠、信贷支持等一系列政策，促进合作社快速发展。针对合作社普遍存在的资金不足的现象，建议由财政部门建立农民专业合作社专项扶助资金，预算单独安排一块，从每年的农发资金中拿出一块，支持各农民专业合作社把项目做大做强，解决目前农村普遍存在的资金周转难的问题。第三是强化项目帮扶，整合科技推广、土地治理、扶贫开发、农业综合开发等项目，大力支持合作社发展，有效解决农民专业合作社发展的基础设施、资金瓶颈等难题。最后是要采取因地制宜、分类指导的工作方法，针对尚未运作的合作社指导其健全相关组织章程，从成员最期望、最迫切需要解决的合作内容做起，早动手早见成效；针对运作不够规范，总体规模较小的合作社，要帮助分析诊断原因，引导其依托本地主导产业、优势产品和资源条件，不断拓展服务内容，让成员在合作中得到更大的实惠；针对已经具有一定规模，且具有较大发展潜力的合作组织，指导其创特色、创品牌，不断提高市场竞争力，更好地发挥其带动作用。

（四）进一步强化管理体制，确保规范运行。遵循一手抓发展，一手抓管理，发展和管理并重的原则，切实抓好三个环节。一抓发展管理。对合作社要视其情况，逐步体现其自治性和合作性，政府必须对自身角色正确定位，不能包办代替。二抓制度管理。合作社要完善章程，健全制度，明确组织和成员之间的责权利关系，突出和加强农民的主体地位，坚持加入自愿，退出自由，一人一票，平等互利。三抓分配管理。合作社对内服务不以盈利为目的，经营收益要公平合理分配，通过有效服务、保护价、最低价收购或二次返利等办法，使成员享受到真正的经济实惠，不断增强对农民的吸引力。同时坚持在发展中谋规范，在规范中求发展，严格按照《农民专业合作社法》的规定，明确合作社组建原则、合作方式、组建程序，成熟一个、发展一个、规范一个，避免“一阵风”式发展。

（五）进一步搞好宣传培训。要采取多种形式，组织合作社的管理人员培训学习，开展座谈交流、专业培训，不断增强他们的理论知识、管理水平和实际经营能力。同时，制定考核标准，每年评选若干合作社示范样板，进行宣传表彰，让广大农民群众亲身感受到兴办、参与合作社的好处，共同支持和推进合作社健康发展。

董存良

2014 年 9 月

昌邑市苗木业发展情况的调研报告

一、昌邑市苗木业发展的特点

1. 苗木种植规模逐年扩大

昌邑市把加快发展苗木业，特别是园林绿化苗木作为农业产业调整的主攻方向，坚持高点起步，严格按照市场规律和产业化要求，大力推进规模化生产、产业化经营，以工业化思维谋划、出台一系列优惠政策，引导工商资本注入苗木业。自 2001 年冬季起步，历经十年的大发展和稳定提高，种植面积已超过 10 万多亩，其中园林绿化苗木 6 万多亩，苗木企业 600 多家，从业人员 2.6 万人，各类苗木存量近 2 亿株，年产值达 10.6 亿元。

2. 苗木品种呈现出多样化发展趋势

昌邑市苗木业产品涵盖了乔木类、灌木类、地被类、藤本类、竹类、水生类、绿篱类和草本类，其中红叶李、美人梅、石竹等多个品种种植面积为全省乃至全国之最，品种总量达到 600 多种。同时对当地土品种精心筛选，引进国外珍稀品种，并培育出具有自主知识产权的新品种“雪原 1 号”常夏石竹。培植的“黄金槐”因标准化的色泽和造形赢得有关专家高度评价，成为北京城市绿化黄金槐重要供货地。优质黄金槐培育大户——昌邑市花木场还在北京市朝阳区建起了 600 亩苗木驯化展销基地，进一步在全国打响了“昌邑苗木”品牌。

3. 苗木分布布局合理

昌邑市在苗木生产中，坚持科学规划，区域化种植，形成了北部以耐盐碱树种为主，中部以城市绿化树种为主，南部以速生林树种为主的“三带六区”发展格局。其中，中部绿化苗木按照沿交通干线集中开发的原则，将 206、309 国道和下小路等干线公路两侧和潍河、胶莱河等骨干水系两侧作为发展苗木生产的重点区域，在政策、资金、技术上给予优先照顾，鼓励其积极发展，形成规模。这种集中发展的模式，既有景观效果、生态效益和规模效应，又便于统一管理和调运，经济效益和社会效益比较明显。

4. 苗木大户带动作用明显

目前，昌邑市从事苗木产业的农户共 1 500 多户，其中 100 亩以上的大户就有 50 多家，500 亩以上的大户 20 多家，2 000 亩以上的 2 家，万亩以上的 1 家，2 个企业被评为“全国十佳苗圃”，1 个被评为“山东省十佳苗圃”，其中，潍坊金丝达集团已经成为山东省最大的苗木生产企业。近年来昌邑市出台了一系列优惠政策，鼓励、扶持工商企业投资苗木业，做大龙头，依靠龙头带动整个地区苗木业的发展。先后有 50 多个民营大户纷纷下“苗海”，他们少则上百亩，多则上万亩，迅速撑起苗木业发展的“龙骨”。金丝达实业有限公司先后建设了绿化苗木、园林绿化等 8 处苗木基地，种植面积达 1 万多亩，拥有各种优质苗木品种 400 多个，共计 7 000 余万株，成为“江北第一苗木大户”。民营大户高密集资金投入，推动了苗木规模的迅猛扩张，使昌邑苗木直接进入了规模化经营时期。大户带动的策略，使得昌邑市苗木产业避免了部分苗木产区小户散栽、一哄而上、一哄而散现象的发生，增强了昌邑市苗木产业抗御市场风险的能力和信誉度。

二、昌邑市苗木业发展的制约因素

1. 起步晚，苗木总量不足，同行竞争激烈

昌邑苗木业自 2001 年才刚刚起步，落后于南方先进地区，苗木总量不足，形成不了大的优势，随着民间资本的大量注入，苗木市场的竞争已转化为规模和技术的竞争，行业竞争更加激烈和白热化。

2. 面临土地瓶颈

发展苗木业的土地紧缺问题日益突出，土地流转已成为推进苗木产业向区域化、专业化、规模化发展的“瓶颈”。

3. 产品生产周期长，经营者缺少资金支持

苗木自种植到出售一般周期为 2-3 年，产品生产周期长，风险大，见效慢，投资回报期较长，经营者的投入仅凭自身资金的原始积累，缺乏有效的资金支持。

4. 散户多，龙头少

昌邑苗木种植户达 1 500 多户，其中多为中小散户，苗木产业化水平还不高，龙头企

业的数量、规模还不够大，竞争力、带动力总体还不够强。

5. 高端科研人才匮乏，自主创新能力相对较弱

缺乏高端的苗木科研人员，自主创新能力差。多数苗圃品种雷同，苗木规格大小相同，管理方式也大同小异，出现难卖的产品大家都有，好销的产品大家都无的现象。苗木生产者缺乏先进生产理念和经营思想，使得经济效益难以提高。

6. 生产水平落后，产品技术含量低

品种选育开发滞后，产品附加值不高，品种更新速度慢，生产方式和技术落后，小规模、分散经营，专业化和标准化程度低，品牌化程度还不高，产品质量较低，低水平重复生产，品种结构失调等现象不同程度存在。

三、对策建议

（一）强化政府支持力度

1. 改善投资环境，扶持龙头企业

放宽市场准入政策，凡具备所规定条件的各类市场主体，都可以依法从事苗木的培育和经营。在项目资金扶持上，市镇财政每年要安排专项资金，稳定基数，逐年增长，用于扶持苗木产业的发展。政府出台各种奖励和扶持政策，用好各种奖补资金和扶持资金，把苗木生产纳入市级生态林管理，推进苗木产业的发展。大力拓宽苗木业融资渠道，争取金融机构对苗木产业提供长期、低息信贷扶持。政府要营造良好的投资发展环境，打造发展平台，要协调解决在土地、林业、交通、水利、电力等方面的困难和问题，同时扮演好推销、宣传角色，提升产业知名度，协助开拓市场。加快培育苗木产业龙头企业，做大做强潍坊金丝达集团、昌邑花木场等企业。鼓励通过联合、联营、兼并、租赁、拍卖、股份制改造等形式，推进集体林地使用权的合理流转。创新苗木产业发展机制，广泛吸纳社会资金，充分运用先进的科技成果和生产经营管理经验，增强苗木产业发展的内在活力，提高苗木产业发展的集约化水平。

2. 政府补贴，制定优惠政策

要为苗木产业发展开辟“绿色通道”。根据苗木产业化需求制定有利于苗木产业发展的优惠政策、法规，创新财政支持机制，建立特色产业激励机制，比如对发展势头好，带

动力度大的苗木生产企业应给予一定的财政激励，安排一定的资金扶持建立苗木组培中心、建设苗木市场等，增强政府机构对苗木发展的组织、协调、服务功能。进一步优惠政策，采取财政补贴、税收优惠等方式，促进土地流转，实行苗木产业基地化。鼓励农民拿出土地，加快土地依法有序流转，切实解决好土地瓶颈问题。要继续重视和支持，从实际出发，指导产品结构调整，从技术、信息、市场等多方位服务于苗农，完善和落实各项支农政策，争取政策性金融加大对苗木产业的投入，扶持苗木产业，促进产业健康发展。坚持以点带面，建点示范，对技术含量高、规模大、市场前景好、效益高的企业（大户）进行重点扶持，实行以奖代补。

3. 引导建立行业协会组织，开展行业研究与行业协调

政府要加强社会化服务体系建设，要积极鼓励、引导、支持组建相应的苗木协会，为苗木生产经营提供多层次、多渠道、全方位的社会化服务，帮助苗木生产经营单位解决发展中遇到的困难。鼓励企业和农户之间自主组建各类合作经济组织，采取公司加农户、经纪人加农户、协会加公司加农户等形式，将分散的农户经营通过利益关联的机制有机结合起来，实现利益共享，推动苗木产业的整体良性发展。苗木行业协会要发挥信息咨询、培训交流、协调联运、市场拓展等职能作用，进一步完善和健全苗木质量检测体系，加大质量检验和监督，维护生产者、经营者和使用者的权益。

4. 树立品牌意识，打造绿色品牌

由于苗木产业的影响持久，因此品牌建立显得更为重要，苗木行业也应尽快改变没有商号、没有商标的现状，尽快创立品牌。要树立品牌意识，进一步树立质量意识和品牌意识，要积极组织企业、苗木种植户开展创建名牌活动，进一步扩大苗木品牌的宣传力度，打造自己的名牌产品，充分发挥品牌的牵动作用，提高昌邑绿化苗木产业的市场竞争力。作为专业苗圃生产单位，应主动出击，更应积极参与引导市场发挥主渠道作用。要在苗圃培育繁殖适合本地区栽植的新优品种，做到从品种经营到苗木生产、包装、运输一条龙优质服务。以优质的品种促进优质苗木的生产，以优质苗木的销售，树立高品牌形象，扩大市场占有率、竞争力。

（二）加强技术研究和推广

1. 提高育苗繁育技术，实施标准化生产

坚持以种为先，加快实施“种子工程”，加强种质资源保护、良种推广、良种繁育基

地、种子贮备、种子质量检验等公益性、基础性建设。以企业为主，加强与科研院所联合，加大科技成果转化，加快新品种、新技术引进、开发、推广，建立科技示范园区，带动基地发展，加大苗农培训，提高育苗水平。实施龙头带动，推进产业规模化、标准化。以金丝达、昌邑苗木场等为龙头，实行政府扶龙头，龙头带基地，基地带农户的产业格局，充分发挥龙头企业开拓市场、引导生产、科技创新，加工增值和组织销售的优势，按照“公司 + 基地 + 农户”方式建立示范区，每区以几个主要品种为主，实现连片种植，规模化、规格化、批量化生产，提高商品化生产进程。培植龙头骨干企业，推进产业升级。目前，昌邑全市标准化种植户达到了 120 户，标准化苗木种植面积达到 8 万亩，苗木优良品种率由过去的不足 20% 提高到现在的 90% 以上。在此基础上，进一步引导农民对苗圃进行高标准定位和科学规划，实施了一园一品、一区一色的种植模式，培育大规格、高质量的工程苗、容器苗、组培苗、彩叶苗、出口苗，提高了苗木的科技含量，推动苗木业进一步向高层次发展。

2. 优化产品结构，积极引进新品种

苗木业今后的发展将趋向于多样化、小型化、高品质化、容器化。城市绿化的苗木消费会更加理性，树种需求会有小型化倾向。同时，城市公共绿化将由大规模绿化转向原有绿地的改造，由追求数量转向追求品质。针对苗木市场越来越强调品种的新颖性、广适性、抗逆性和乡土化的需求趋势，应立足实际，瞄准北京、上海等各大城市，面向全国市场，在品种上增加适应性广、抗逆性强和生态功能良好的品种面积，适当发展耐盐碱、耐水湿的常绿乔木树种面积，大力引进新品种，开发乡土树种，增加盆花、切花种植面积，满足市民生活及节庆需要；在产品类型上，培育大规格苗木，发展容器育苗，适当发展整型苗木、提高苗木附加值。要淘汰市场容量小、价值低的品种；控制繁殖速度快、效益差的品种；压缩繁殖速度快、科技含量低的品种；稳定市场容量大、经济效益好的品种；扩大种植色叶彩干树种和花灌木；重视盆花、切枝和地被植物的生产。同时，通过嫁接、修剪、造型、编干等手法对老品种进行改造，主动地引进、开发新品种，实现苗木生产的结构调整和产业升级。

3. 加强科技攻关，提高产品竞争力

要强化科技攻关，加大科技投入，大力推广新技术，加快培育具有自主知识产权的品种，推广优质特色新品种，推进育、繁、供一体化经营。围绕优势产业链扩充及产业升级关键节点，组织实施若干重大攻关专项，努力突破技术瓶颈。要以苗木基地为载体，以高校、科研院所为依托，通过实施林业专家示范推广和科技人员承包活动，推广新品种、新技术、新材料，加速对各类苗木品种进行更新换代，并推广应用引种驯化等技术，以及节水灌溉设施、日光温室大棚设施、全光育苗设施和新型栽培基质，提高苗木生产的科技含量。在育苗技术上，推广容器育苗及设施育苗等现代化育苗技术；在政策扶持上，突出重点，加大对应用新品种、新技术的扶持力度，重点投向苗木生产示范园区、大规格苗木生产基地、标准化生产示范基地以及容器育苗和设施育苗。各苗木生产企业要加快标准化生产技术和现代化育苗技术的推广应用，进一步降低生产成本，提高苗木产品的竞争力。要大规模组合运用现代农业技术，努力在苗木生产的各个环节掌握成熟、稳定的技术，保证苗木价值随着生产各环节持续提升。

（三）加强苗木信息体系建设

1. 搞好信息中介服务

要进一步搞好信息中介服务，完善信息销售网络，加强苗木信息体系建设，大力开拓市场。健全充实苗木信息网站，发挥互联网的作用，把昌邑市的苗木信息上网公布。建设昌邑市苗木产业信息网，加强对全市苗木产品信息的宣传发布。着力培养一批优秀的信息销售专业人才队伍，加强信息销售队伍建设。加强市场等基础设施和信息化建设，依托现有的绿博园苗木交易市场，进一步扩展市场规模、完善市场功能，加快市场体系建设，打造区域性的苗木产品集散中心和产品信息交流平台。将加强标准化信息咨询和技术服务作为服务苗木业发展的一项重要举措，有关部门要积极收集有关苗木种植的标准和技术规范，与苗木种植户建立联络关系，常年免费为苗农提供标准化信息服务，为苗木产业标准化种植提供有力的信息支持。

2. 拓宽销售渠道

进一步拓宽销售渠道，发掘市场潜力，发挥花木经纪人、骨干苗圃和园林绿化工程公司的销售主渠道作用，鼓励更多的苗农、企业外出到更多的城市设立窗口、推销产品。加强苗木交易市场建设，扩大市场的辐射面。培育发展苗木经纪人队伍，推行产销分离，组织参观学习考察，走出去，请进来，把握市场动态。鼓励昌邑市苗木种植大户在掌握丰富的市场信息和完备技术的基础上，转向发展园林绿化工程，成立园林绿化工程公司。目前，我市已有金丝达、花木场、北海园林等园林绿化工程公司 10 余家，每年对外承揽的工程额近亿元。其中金丝达绿化苗木公司把业务做到了中南海玉泉山，从昌邑运去了大量的工程用苗。要充分发挥网络、电子商务作用。苗木生产企业建立自己的花木网站，发布自己的花木销售信息，网上联系，网下考察洽谈，签定销售协议，实现对外销售。

张敏

2014 年 7 月

昌邑市农村土地流转情况调研

为进一步掌握全市农村土地流转现状，加快农村土地承包经营权有序规范流转，提升农村土地规模经营水平，实现农业增效和农民增收。近日，根据学校的安排，结合本人的授课课题情况，对全市农村土地流转情况进行了调研，现将调研情况报告如下：

一、我市土地流转的基本情况和特点

近年来，市委、市政府高度重视土地流转工作，通过出台政策、建立机制、培育典型、加大宣传等一系列活动，有力推动了我市农村土地流转规范健康发展。全市现有耕地面积 88.59 万亩，实行家庭承包经营耕地面积 86.07 万亩，家庭承包土地经营权流转总面积 34.73 万亩，占家庭承包耕地面积的 40.35%。流转土地主要集中于种植业和养殖业，土地流转有力促进了农村经济的发展。

从调查的情况分析，我市土地流转呈现出以下几个特点：

一是流转形式多样化。农村土地流转的形式已由过去的农户之间的转包为主，逐步转变为转包、出租、股份合作、转让、互换等多种形式并存，流转形式多样化趋势明显。在全市流转的土地中，转包、出租、股份合作、转让、互换五种形式都有，转包面积 241 611 亩，出租面积 78 993 亩，股份合作面积 13 089 亩，互换面积 10 133 亩，转让面积 2 244 亩。其中，转包、出租、入股共有 33.34 万多亩，占 96% 多，成为农村土地流转的主要形式。

二是流转主体多元化。随着农村经济的发展，农村土地流转已不仅仅局限于农户之间，种养大户、龙头企业、农民专业合作组织已经全面参与，使农村土地流转主体趋于多元化。据统计，目前，流入种养大户的土地有 2.1 万亩，占流转面积的 9.26%。

三是土地流转组织化程度逐步提高。虽然市里尚未成立土地流转交易大厅，但是现在各镇街区都设有土地流转服务窗口，市镇村三级建立健全了土地流转管理制度，土地流转合同也趋于规范化，并且各级都公开了流转咨询电话，从而加强对土地流转工作的指导和服务，土地流转正从农民自发流转向有组织规模化流转转变。

四是土地流转助推了优势产业的发展。按照“依法、自愿、有偿”和“保障所有权、稳定承包权、搞活经营权”的原则，鼓励农民以承包、租赁、转让等形式流转土地承包经营权，搞活土地使用权流转机制，促进土地向农业龙头企业和农业大户集中，推动了我市优势产业不断跨越式发展。如苗木产业自 2014 年开始，产业规模迅速扩大，连续三年，每年增加面积都在 1 万亩左右，目前全市总面积已达 10 万多亩，其中流转土地占 8 万亩以上。通过土地流转，围子、饮马等镇街建立起了集约化、标准化水平较高的特色苗木基地，推动了我市苗木产业的发展；再如畜牧养殖业，全市 1 万亩畜牧养殖用地中，流转土地占了 4 000 亩，其中 2 000 亩由农业龙头企业使用，占流转土地的 50%。此外，有 200 多家规模化养殖厂通过土地流转扩大了养殖规模，提高了生产能力和经济效益。

二、土地流转中存在的问题及其成因

（一）农村土地流转过程中存在的突出问题

1. 思想认识不到位。主要表现在：一是基层重视程度不够。部分基层干部对农村土地流转的政策学习宣传不够深入，工作上不重视，缺乏创新精神，存在求稳怕乱的思想，积极主动宣传和引导土地流转热情不高。二是小农经济思想比较普遍。部分农民恋土观念强，认为务工经商虽然收入高但有风险，宁可粗放经营，甚至不惜撂荒弃耕，即使外出务工也不愿转出土地，担心失业没地而生活养老没保障；优惠政策不断出台，土地收益逐年上升，按承包面积给予的粮补促使部分农民不愿转出土地；城镇扩建或国家重点工程实施，导致部分农民等待承包地被征用而得到补偿费。三是对流转政策产生误解。许多农户对土地流转相关法规政策仍然缺乏了解，导致对土地流转政策的认识存在偏差。如有的农民群众对土地流转的含义不理解，部分农民甚至认为土地流转就是对承包地的重新调整，担心土地流转后失去承包权，没有安全感。

2. 土地流转机制不健全。一是土地市场机制不健全。市政府虽然重视土地流转市场建设，也做了不少工作，但提倡土地流转的宣传多、要求多，真正从政策上、体制上和市场建设上为土地流转创造条件少，全市至今没有一个统一的土地流转服务平台来进行协调管理，土地流转的市场化运作机制还没有完全建立，统一规范的土地流转市场尚未形成，流转信息不畅，想流转的农户和受让主体信息不能及时对接，土地评价缺乏依据。此外，各镇街区面上虽然都有自己的土地流转服务机构，但由于受人员编制、经费等制约，实际只有少数镇街运行比较正常，其他大多形同虚设，无力对土地流转行为进行必要的指导和监管。二是保障机制不完善。社会保障体系不健全，未能覆盖所有农村地区，无法为转出土地的农民提供充分的社会保障。农民对土地流转态度更加慎重，出于对土地普遍有预期增值和稳定的经济收益保障心理，不愿放弃土地承包经营权。另外，流转收益缺乏增长机制。在流转合同约定上，农民土地流转收益一般固定，流转期间不再调整租金，流转收益没有随经济发展得到相应增长。

3. 土地流转的手续不够完善，程序不够规范。主要表现在：一是自发流转随意性较强。多数农户间的土地流转，如代耕、转包、互换基本上只有口头协议，没有书面合同，即使有书面合同，其内容也不完整，双方的权利义务不明确，容易发生纠纷且难以解决，甚至与现行法规相冲突，如租用土地的时间超过第二轮承包期规定的时间等。部分业主借合同不规范，经营不善违约逃债，或未经有关部门审批同意，擅自改变土地农用性质。国家各项惠农政策落实后，土地不断增值，部分农民借合同不规范索回土地经营权。二是部分流转土地流转时未经村社集体经济组织审查同意，且未到主管部门登记备案，容易发生纠纷。三是档案管理不规范。除个别镇街外，多数镇街农村土地流转资料档案缺乏，土地流转合同档案管理不够完善。

4. 土地流转的档次不高。主要表现在：一是流转形式档次不高。流转形式大多仍属低层次的委托代管形式，并且散户多，不成规模。二是流转土地的开发利用档次不高。由于许多流转土地处于自发、粗放、低层次的经营状态，土地得不到充分开发利用，影响了农业产业化发展。三是土地流转短期行为较多。从出让方看，主要是务工经商不稳定，农民群众担心政策变化，大多采取短期转包的方式。由于流转期限短，致使经营大户等不愿在土地上投入过多成本，难以挖掘土地的最大效益。

5. 土地流转收益分配不规范。集体土地用地的流转主体显现出多元化发展趋势，参与集体土地流转的主体包括乡、村、村民各级集体经济组织及开发商等。不同的主体要求各自的经济利益。主要问题是集体土地所有权主体与县、乡、村以及农民之间的土地收益分配关系不清。在自发交易的情况下，“谁流转，谁收益”的获利方式，存在乡、村、农民之间相互争流转权的现象，往往是谁的权力大，谁获得的流转收益就多，处于弱势的农民个人则获利甚少。这样在农村集体土地流转中产生了许多矛盾和问题，一方想压低土地使用权的成本，以最小的投资加快发展、建设步伐；另一方想增加补偿以求生存，增加了土地流转工作的难度。农村集体用地使用权流转收益究竟归谁所有，农民的利益该怎样体现，在国家利益和农民利益的关系上，在不同使用者利益分配的处置上，分配是否合理已成为当前解决流转难和维护稳定的关键。具体说来就是，国家运用行政法律手段强制性参与农村土地收益分配，保证了国有宏观利益，但在很大程度上侵犯了农民的切身利益，而作为土地生产经营主体的农户在生产过程结束后却无法获取应有的土地收益。这样不可避免地导致土地收益分配的混乱与无序，最终阻碍农村土地经营制度的正常运行。

（二）农村土地流转过程中存在突出问题的成因

诸多问题中原因是多方面的，而每个问题又都是多个原因。复杂的利益关系下，原因主要有以下几方面：

1. 土地承包经营权不稳定，不完整。由于土地承包经营涉及各个方面的复杂关系，客观上存在利益矛盾，而农村经济体制改革又是一个逐渐深化的过程，利益格局处于动态调整之中，从而增加了严格界定承包经营权这一新型权利的难度。正是由于土地承包经营权的权能属性未得到明确界定，造成农户与集体、农户与国家以及农户之间的关系模糊；加上法律规定不细和执法不严的影响，使土地承包经营在实践中缺乏规范约束，操作的灵活性增大，故而难以形成严格制约违规甚至违法行为的外部环境，由此导致土地承包关系不稳定。另外，土地承包经营权的不完整性还表现在许多农民根本没有书面的土地承包合同，没有合同保障的承包经营权受到随意的侵害是不言而喻的。

2. 农地流转交易组织欠缺。农地流转交易组织包括交易载体和交易规则。交易载体是指交易的场所和监督机构；交易规则是指必须遵循的各种法律、制度和条例等。一方面，我国农地交易市场基础设施少，场所、机构等相当缺乏，市场信息无稳定的传递渠道；另一方面，我国农地流转交易又实实在在地存在，但是可以指导农地流转的政策、法规较为缺乏，各地都在摸着石头过河。因此，农地流转实际上是在既没有任何权威性的法规，又缺乏相应的市场规则、监督机构保证规范运作的条件下进行，其结果是导致交易缺乏透明度、公平性，交易成本高，而且交易范围大多局限在本村、本小组，交易量小，纠纷多。

3. 农地流转中介组织匮乏。随着农村非农产业的发展，农地流转将会日趋活跃，如果仍由农户漫无目的地寻找交易对象完成交易过程，势必因效率低下而在一定程度上影响农地流转的速度、规模和效益。由于农地流转的中介组织匮乏，我国农地流转基本上是在一种信息不对称的双边垄断市场中运行，即土地的转让方找不到土地的受让方，土地的受让方找不到土地的转让方，形成了“有买找不到卖，有卖找不到买”的局面。值得注意的是，目前在大多数地方、大多数情况的农地流转都是集体经济组织充当中介组织。表面上来看，集体经济组织作为中介服务组织，便于交易操作，但这种集体经济组织既当“裁判员”，又当“运动员”的情形，不可避免地会干涉其他交易主体的权益，从而失去中介服务组织应有的效率和媒介功能。

4. 农村社会保障体系建设滞后。长期以来，我国农民游离于社会保障网之外，严格意义的社会保障制度在农村几乎为零。由于农村社会保障体系建设滞后，作为农民最重要的生产资料和生活资料的土地因而承担了其本不应承担的社会保障功能。土地本身所具有的承载功能、养育功能和资源功能转化为农民的就业保障、生活福利和伤病养老保险的可行手段。土地的社会保障功能牵制了农地市场化流转。在当前小规模家庭经营尚有较强生命力，非农就业的岗位和收入尚不稳定的情况下，绝大多数农民仍将土地视为“活命田”“保险田”和非农就业的“退路”，因而宁肯种“粗放田”“应敷田”，甚至不惜暂时“抛荒”，也不愿轻易转让和放弃土地。

5. 农业风险防范机制不健全。农业是一个周期长、见效慢、受气候影响大的弱质产业。在市场经济条件下，农业兼具自然风险和市场风险。特别是在我国农业基础薄弱的情况下，表现尤其明显。在这两种风险相互交织下，农民很难获得平均利润，甚至有时连成本也难以收回。因此，在尚没有健全的农业风险防范机制的条件下，农地市场化流转就会因巨大的经营风险而难以实行，即使实行也难以达到预期目的。其他如产前、产中、产后服务相对缺乏。在这种条件下，大多数农民都无力经营较大面积的土地，致使农地市场化流转的有效需求乏力。

三、加强农村土地流转工作的建议

（一）加强宣传引导，进一步提高思想认识。农村土地流转工作事关广大农民群众的切身利益和农村改革发展稳定大局，是发展现代农业、破解“三农”问题、实现城乡统筹发展的重要举措。一是要创新宣传方式，加大宣传力度。要充分利用好广播、电视、报纸等传统新闻媒体和宣传栏、明白纸等传统宣传方式，更要利用好各类网站和微博、微信等新兴网络自媒体，进一步加大对农村土地流转相关政策法规的宣传引导，使广大基层干部群众深刻认识土地流转的重要性，消除误解，自觉参与土地流转。二是要发挥好典型示范带动作用。要大力宣传外出创业成功人员和种养大户的典型示范作用，引导农民自愿、科学地流转土地，使农民在土地流转中最大限度地得到实惠。三是各有关部门要各司其职，进一步完善工作机制，密切配合土地流转行政主管部门做好宣传推进工作，共同推动我市农村土地流转市场建设稳步发展。

（二）稳定农村土地承包关系。农民获得长期而稳定的土地承包经营权是农地流转的基础，坚持承包责任 30 年不变是农地流转的条件。因为只有把承包关系稳定下来，农地流转才能有更大的空间。为此，要继续落实土地延包 30 年不变政策。有的地方土地承包 30 年的承包期限到期，国家又作出决定，土地承包期再延长 30 年不变。这一政策的初衷是想通过 30 年不变，一方面赋予农民长期而有保障的土地使用权，让农民吃下一颗“长效”定心丸；另一方面又可以加强对耕地的保护，防止耕地流失，杜绝乡村干部在土地调整中的侵权行为。关于承包权的稳定和经营权的搞活，在政策上是不矛盾的，经营权搞得活不活，取决于两个方面，一是承包权是不是真正稳定了，如果一天到晚都在调整土地，农民是没法搞活的；二是如果大多数农民转移了，他们的主要收入来自非农产业，就可以搞活了。为此，中央政府有必要对土地延包 30 年不变政策的实施情况进行一轮持续的全国调查，对尚未落实的村庄进行督促落实，对已经落实的村庄进行核实检查，并进行实时动态监测，以增强农民的信心。

（三）创新服务机制，完善各项保障措施。一是建立健全市场机制。要结合“智慧昌邑”建设，借鉴寒亭等外地先进经验做法，建立统一的市级流转服务平台，健全土地流转服务监管机制，构建起土地流转服务体系，及时收集发布土地流转信息，实现供求信息有效对接；要成立县乡两级流转纠纷仲裁委员会，积极妥善调处流转纠纷，防止出现影响社会稳定的事件；建立农用土地评估机构，开展土地分等定级和价格评估工作，客观公正评估土地等级和市场价格，为公平交易提供参考，为政府加强对农地市场的价格管理提供科学依据。二是健全保障机制。建立农业风险保障机制。加强气象、畜禽疫病、作物病虫害、市场信息等自然和市场风险的预测预报；强化动植物检疫检测手段；加大对农业基础设施建设的投入，加快土地平整和农业综合开发，改善水利、电力、道路等农业生产条件，为农业规模化经营创造条件。三是拓宽就业渠道。加快小城镇建设和农村城市化进程，建立城乡统一的就业制度和劳动力市场，健全劳务协作机制和信息网络，引导农民在流转中实现劳务移民。四是稳步提高以最低生活保障、养老、医疗保险等为主的农村社会保障水平，特别要加快解决55岁以上和已经丧失劳动能力人员的社会保障问题，让他们放心地流转土地。对于已经流转土地的农民，要引导他们从土地流转收益中拿出部分资金，投入个人基本医疗和养老保险，提高自我保障能力。

（四）加大扶持力度，有效推进土地流转工作深入开展。一是要加大财政扶持力度。要增加专项资金额度，将相关支农资金重点安排给参与土地流转的农业规模经营主体。二是要加大政策扶持力度。要努力提高土地流转的成功率，鼓励流入土地的规模经营大户和农业企业优先申报项目，优先享受相关农业扶持政策，帮助他们搞好项目的组织实施，使其自愿在土地开发利用中加大投入。三是要积极探索农村土地承包经营权抵押贷款的有效途径和形式，努力推进土地承包经营权抵押贷款业务，解决农村土地流转乃至现代农业发展中的资金投入这一“瓶颈”问题。四是要为市镇村三级流转工作网络创造良好工作条件，配备好工作人员，提供必要的经费保障，确保三级组织充分履行好各自的职责，为土地流转提供便捷、高效、优质的服务。

（五）严格执行政策，确保土地流转工作稳步推进。坚持以《农村土地承包法》《农村土地承包经营权流转管理办法》和中央、省、市有关法律法规为依据，以农户自愿为前提，以双方协商为基础，以增加农民收入为核心，规范流转行为。要注重培育各类规模经营主体，积极探索建立“政府培育市场，市场引导流转，流转促进发展，发展增加收入”的土地流转新机制，使土地流向有稳定产业、经济实力强、信誉度高的规模经营主体，以龙头企业、专业合作社和经营大户带动土地流转，推进土地流转工作健康有序稳步发展，以土地流转促进龙头企业规模发展，形成农民增收、企业增效的“双赢”局面。

姜冬梅

2015年6月

昌邑市家庭农场情况调查

自2013年中央一号文件第一次明确提出“扶持家庭农场”以来，家庭农场已成为新型农业主体培育的一个重要发展方向，2014年中央一号文件指出，扶持发展新型农业经营主体，按照自愿原则开展家庭农场登记。“家庭农场”就是以家庭生产经营模式为主体，家庭成员为农业生产服务对象，从事农业规模化、集约化、商品化生产经营，并以农业经济为家庭主要收入来源的新型经营主体。近年来，昌邑市加大产业结构调整力度，促进了农业产业规模化、集约化发展，从中也培育出一批较有实力的、以家庭经营为主的家庭农场，成为我市农民增收致富的有生力量。

一、我市家庭农场发展现状

2013年以来，我市按照中央精神要求，着力构建集约化、专业化、组织化、信息化的新型农业经营体系，大力培育发展家庭农场，加快了农业、农村经济的快速发展。

截止到2016年10月，全市共有家庭农场422家，2016年全市年度家庭农场经营总收入657万元，家庭农场经营耕地总面积4.61万亩，劳动力总数1 593人，常年雇工990人。家庭农场在我市的发展主要有以下几个特点：

1. 创办主体多元，产业覆盖较广。我市家庭农场的创办主体由村干部、返乡农民工、经商人员、退伍军人、大学生和农民等六类人群组成。在经营范围上，所调查农场基本涵盖粮食、蔬菜、畜禽、苗木、食用菌等我市传统优势产业，主要以种植业类为主，占家庭农场总数的76%。近年来，随着市场经济的发展，部分农民外出务工，从事二、三产业的农户增多，一些种粮的农民将外出务工人员的土地转包过来，从事粮食生产，成立家庭农场。凡是乡镇企业发展较好的地方，家庭农场也较多，经营规模也较大。

2. 农场主素质参差不齐，管理水平有待提高。

目前，家庭农场主大多是农村的种田能手、村组干部等，尽管在农村中素质相对较高，部分人还通过学习和实践，提高了管理水平。但基本都是高中以下学历，导致多数家庭农场主与现代家庭农场经营管理的要求还存在较大差距，与现代化农业发展要求不匹配，对农场的经营管理大多靠传统经验，难以适应现代农业生产和日趋激烈市场竞争的需要。由于农场主素质参差不齐，多数农场主缺乏现代化农业经营管理理念，一味追求基础农产品的生产，没有在提升农产品附加值、发展特色效益现代化农业上面下工夫，缺乏可持续发展的潜力。

3. 经营规模适度，经济效益较好。调查统计，全市家庭农场种植面积在 100 — 200 亩的 55 个；种植面积在 200 — 500 亩的 42 个；种植面积在 500 亩— 1 000 亩的 5 个、种植面积在 1 000 — 5 000 亩的 1 个，100 亩以下的 319 个。由于经营规模适度，家庭劳动力基本能够满足生产经营需要，多数家庭农场雇工人数少于或等于家庭劳动力数，只有经营规模 200 亩以上的部分有常年雇工。这样一种用工以家庭成员为主的农业经营主体，拥有包括血缘、感情、婚姻伦理等一系列超经济的社会纽带，因此相对于专业合作社等新型农业经营主体，它们更容易形成共同目标和行为一致性，组织形式更为有效，经营效益相对更好。

4. 发展速度虽快，但规模、层次不高。随着市场经济和现代农业的发展，规模效应不断体现，政策扶持环境不断趋优，家庭农场发展速度逐步加快，但发展不平衡。目前在工商部门登记注册的有 422 个，还有一些没有登记注册的家庭农场，不是他们发展情况不好，而是农场主认识滞后，注册登记热情不高。新型经营主体培育是当前现代农业发展的必然要求，对农民增收有强力助推作用，同时，可享受农业项目、金融服务等多方面扶持政策。然而，部分准家庭农场主了解到新注册家庭农场没有直接补助，与微型企业注册即可享受创业基金政策横向对比形成落差，导致注册登记热情不高。

5. 粗放经营的多，注重品牌增效的少。在调研中发现，我市部分农场主还沿袭传统的耕种模式，在品种选择上跟不上市场需要，粗放经营，有的还使用有效成分低的除草剂，既不能保证粮食高产稳产，又不能保障粮食产品质量，更不可能获得大的利润。在调查中发现，近几年来我市玉米产业存在增产不增收，丰产不丰收的现象，原因之一是农民种的玉米品种较杂，之二是价格下降。

二、我市家庭农场发挥的作用

发展家庭农场，是在坚持家庭联户承包责任制基础上，促进土地等生产要素向生产经营能手和种（养）大户集中，开展集约化经营的新模式；是农业生产经营组织形式的创新，有利于实现农业机械化，大幅度提高土地利用率、投入产出率、劳动生产率；有利于提高农产品的科技含量和市场竞争力。我市家庭农场在发展中给我市现代农业发展主要起到以下几个作用：

1. 发展家庭农场有力地创新了农业经营模式。我市家庭农场能够有效解决城镇化进程中农村人口大量外流而导致的土地闲置抛荒问题。作为一种新型农业经营主体保证了“农地农有、农地农用”，避免了耕地“非农化”的倾向，能够促进农业经济的发展，是中国特色现代农业发展的方向。同时，发展家庭农场能充分发挥农村剩余劳动力、超年龄劳动力的作用，实现“劳力互补、技术互补、资金互补、时间互补、资源互补”的发展平衡。

2. 发展家庭农场有力地促进了实现农业集约化经营和农业可持续发展。家庭农场的生产经营具有以市场为导向的企业化特征，要在市场竞争中生存和发展，每个家庭农场都会加大物质和科技的投入，提高集约化经营水平和劳动生产率。同时，家庭农场亦如家庭企业一样，具有较好的传承性，能较好地维持和保护农业生产力，实现农业可持续发展。家庭农场采用了农场化运作模式，促进了农村土地的有序流转，加速了农转居工作的步伐，同时也降低了生产成本，提高了单位面积产量，有效避免了零星的传统分散的土地经营模式存在的弊端，具有较强的示范带动作用，必将成为拉动经济新的亮点，成为集约化、规模化、机械化经营的典范，成为带动镇域经济发展的新动力。

3. 发展家庭农场增加了农民收入，提高了农产品质量。据调查显示，现阶段种粮户的经营规模达到百亩以上时，土地利用率会提高 10% 以上，经济效益会提高 15% 以上。此外，农户经营规模提高以后，还会提高农业的装备水平，有利于降低成本，从而增加了农民的收入。同时，家庭农场以追求效益最大化为目标，使农业由保障功能向盈利功能转变，克服了自给自足的小农经济弊端，商品化程度高，更加注重农产品质量安全。

三、家庭农场在发展中存在的问题及困难

1. 家庭农场基础条件较为薄弱。在调查中了解到，种植业主要表现为缺乏晒场和烘干设备，这是上规模的家庭农场面临的普遍问题。全市种粮大户绝大多数没有投入烘干设备，收获的粮食一旦遇到阴天、下雨天，粮食不能晒干，导致生芽、霉变，销售成问题，由于没有晾晒场，大多数农户只能是将玉米边收割边出售，销售价格只能由粮食收购者决定，种粮者如果想出售，在价格上只能任人摆布。

2. 社会化服务体系不健全。家庭农场在产前、产中、产后环节仍然显得规模偏小，与其他市场主体谈判地位不对等，依然需要现代农业社会服务体系来保障。但当前我市社会化服务体系与家庭农场需求差距较大。一是管理体制不顺。如农技、经管、林业水利、农机等部门的人权、财权、事权全部下放到乡镇，由于各乡镇工作千头万绪，人权与事权分离，导致乡镇工作与业务工作安排上撞车，农业公益服务体系机制不灵活，服务农村、农业、农民的职能作用难发挥。二是服务能力不高。其一农业服务力量不足，专业的农业服务中心人员、畜牧兽医站人员相对短缺；其二镇农业服务人员年龄偏大、文化水平参差不齐，又没有及时“充电”，知识更新不及时，专业知识老化现象十分突出。三是奖惩机制不健全。搞技术专营业务的人员不善于沟通、协调社会关系，难以得到提拔重用和奖励，调动不了技术人员服务“三农”的积极性。四是信息服务不足。农民获取信息多数通过广播、电视、报纸、电子网络、手机，很多农民自己又不会使用通信设备，靠间接渠道获得，导致信息时间性与真实性差异问题。五是服务标准不健全。没有统一验收标准和奖惩具体措施，技术人员没有落实到户，达到什么标准也没有明确规定，影响技术人员工作积极性和创造性。

3. 经营管理水平较低。当前许多农场主是由当地种养殖大户发展而来，在向新型经营主体转变的过程中，由于缺少管理经验，在市场经济中难以做大做强。加之一些家庭农场主对政策不了解、发展思路不清晰、市场信息不敏锐，造成了管理粗放、运行效果较差的局面。家庭农场作为现代农业经营主体，其与小农经济的明显区别就是通过集约化生产满足市场需求，这就要求农场主必须提高经营管理水平，对家庭农场实行科学化、精细化管理。但从调研情况看，当前家庭农场却管理粗放，部分农场受小农经济的影响，追求“小

而全”，各种农业机械一应俱全，但使用率不高，既造成了资源浪费，更加大了生产成本。目前，我市除股份制家庭农场外，绝大多数家庭农场都没有建立基本的财务核算制度。

4. 土地流转困难。一是部分农民对土地存在思想障碍，“土地命根子”思想浓厚，大多数农民仍然把土地看成是“活命田”和就业时的“保障田”，因而宁可粗放经营，甚至弃耕荒芜，也不愿放弃土地；二是土地零散，农田基础条件较差，土地集中连片难。三是土地流转价格上涨快，不稳定。这样对农场经营带来成本压力，同时带来农地纠纷，影响农场主的正常生产秩序和生产积极性。

5. 贷款融资困难。家庭农场在经营初期一次性投入比较集中，资金需求较大，而多数农场资金实力不强，再加上固定资产不多，无法通过资产抵押等方式获取银行贷款，大大制约其扩大生产规模和发展设施农业。调查中，多数农民业主反映融资难的问题，一是贷款手续复杂，要求农户三联保五联保，很多农户不愿意为别人担保；二是贷款额度小，资金缺口大，家庭农场大多缺乏贷款抵押，金融机构缺乏对家庭农场经营的融资动力，进而制约了家庭农场集约化水平的提高；三是贷款时间短，要求还款时间稳，不适合农业生产特点。

6. 专业人才普遍缺乏。现有家庭农场主一般都是村里的技术能手，在村里威望较高，敢闯敢干、勇于开拓，而他们普遍学历不高，对市场信息、国家政策了解不够，与专业化、市场化的要求还相差甚远；从事农业生产的年轻人数量较少，且缺乏创新精神，很多农场主在种植、管理上仍延续传统的经营模式，对于新技术、高新技术不敢尝试，遇到技术难题、经营问题就显得无能为力。

7. 农场主认识滞后，登记注册的少。新型经营主体培育是当前现代农业发展的必然要求，对农民增收有强力助推作用，同时，可享受农业项目、金融服务等多方面扶持政策。然而，大多数家庭农场主认为注册家庭农场得不到补贴，没有直接利益，注册登记热情不高，加之有的乡镇工商部门在家庭农场登记上设立门槛，大多数农场主不愿意注册，造成准家庭农场数量多而登记注册少的局面。

四、加快发展家庭农场的建议

家庭农场是新型农业经营体系的重要组成部分，符合农村适度规模经营的特点，顺应现代农业建设的要求，将成为我市农业发展的主体，必须通过政策加以规范、引导发展、促进跨越。

1. 完善土地确权登记颁证工作，规范土地流转行为。农村土地流转是实现土地适度规模经营，推动家庭农场发展的前提和基础。建立健全农村土地承包经营权制度，加快推动确权登记颁证工作，有利于稳定农村土地承包经营权，为推动开展经营权抵押贷款奠定基础。有利于捍卫农民土地财产权利，是农户清理家底，开展抵押贷款的重要前提，也是规范土地流转的先决条件。农村土地承包经营权的确权登记和颁证工作，把承包地块、面积、合同、权属证书全面落实到户，为推进农村土地有序流转和发展家庭农场奠定基础。合理确定农村土地承包经营权流转指导价格，逐步探索建立土地流转双方的价格协调机制和利益联结机制，实现流转关系稳定和土地连片集中，引导土地承包经营权向家庭农场等新型农业经营主体流转。一方面家庭农场健康发展带动土地流转，另一方面土地有序流转促进家庭农场健康发展，使家庭农场与土地流转相得益彰。充分发挥乡镇农村土地流转服务中心的基础作用，切实承担起农场土地承包经营权流转信息发布、合同鉴证、流转协调、代理服务、法律咨询、纠纷调处等多项职能，为家庭农场发展提供强有力的土地流转保障制度。

2. 加大金融支持力度，拓宽家庭农场融资渠道。解决资金问题，是保证家庭农场扩大规模，发展设施农业的关键环节。创新抵押贷款模式。与股份制银行、地方银行合作，开展家庭农场以大型农用设施、土地经营权证、土地流转合同等为抵押物的贷款，拓展信贷品种，简化信贷手续，提升服务水平，满足家庭农场多元化融资需求；要开展家庭农场信用等级评定，对信用等级高的家庭农场给予一定的授信额度，并给予利率优惠。健全风险补偿和分担机制。大力发展政策性农业保险。扩大农业保险范围，增加保险险种，做好农业保险服务，降低农业生产发展的风险。继续完善中介等配套服务体系建设。建立以土地承包经营权为对象的产权评估机构，降低中介服务收费标准。

3. 加强农业社会化服务体系建设，为家庭农场发展提供服务保障。积极构建公益性服务和经营性服务相结合、专项服务和综合服务相协调的新型农业服务体系，鼓励和扶持发展各类农业服务组织，将分散经营的农业生产经营环节和技术推广纳入规模化、专业化和社会化大生产轨道，为家庭农场生产经营提供产前、产中、产后全程服务，提高服务质量，促进全市家庭农场健康发展。深化农技推广体制改革。加快引进和推广新产品、新技术，指导家庭农场应用先进适用技术，开展标准化生产；农业、质监、工商等部门要加大农资市场监管力度，杜绝假、伪、劣农资进入市场，净化农资市场环境，维护农民合法权宜；充分发挥农业龙头企业、专业合作社的带动引领作用，提高农业组织化程度，推动家庭农场与市场实现无缝对接。在家庭农场主自主自愿的前提下，组建家庭农场协会，健全协会运行机制，帮助业主了解市场信息，开展互助帮扶服务，进行订单式生产，提高农业规模化和组织化水平。

4. 加大职业技能培训力度，培育具有现代农业意识的新型农场主。开展农场生产技能、农机操作、经营管理等各类培训，帮助现有农场主提升综合素质，提高家庭农场经营管理水平；抓住科普有利时机，对家庭农场成员和从业人员进行资格培训，颁发家庭农场职业资格证书，确保家庭农场主全部持证上岗，为培育一支懂管理、会经营、愿投入、有热情的农场主队伍准备条件；鼓励在外务工、拥有一定农业生产技术的农民回乡创办家庭农场，支持其对其他农户进行综合培训，优先享受农村劳动力转移培训财政补助资金等相关政策；鼓励农业科技人员与家庭农场进行“一对一”帮扶，提供专业农技服务；引导大中专毕业生到家庭农场工作，帮助推广新技术、新品种，发展高科技农业。

5. 加强基础设施建设。完善的基础设施既是农业生产的基本条件，又是吸引新型经营主体投资家庭农场的重要因素。将家庭农场纳入农业建设项目和财政支农项目的实施主体，农业综合开发、土地整理和高标准农田建设、标准农田改造、高产创建、设施农业、“三新”推广等各类涉农项目，优先安排符合条件的示范家庭农场实施，切实改善家庭农场的生产条件。要进一步加大涉农财政资金项目整合力度，引导社会资本向“三农”基础设施投入，加快流转区内田、水、路、林的综合整治力度，为家庭农场经营提供良好的生产基础。针对家庭农场基础设施投入较大的实际情况，建议政府部门出台专项政策在附属用地、晒场仓储、烘干设备、以及高产农田建设改造、水利设施配套等方面加大对家庭农场发展较好地区的扶持力度。乡镇、村也要因地制宜，统筹兼顾，做好家庭农场附属设施建设用地及配套设施规划，合理配置农机库、仓库、晒场等家庭农场综合服务场所。

6. 强化认定和登记工作。建议国家、省出台制定家庭农场认定管理办法（家庭农场规模、家庭农场应具备的准入条件标准等），制定出台鼓励发展家庭农场的扶持政策，进一步对农场主体资质、经营规模、自有资金、经营效益、机械配备等认定标准进行细化，建立健全家庭农场认定管理机制，将家庭农场与专业大户、龙头企业、合作社等其他农业经营主体区分开来。从农场家庭成员、农业规模、经营主要收入等方面规范家庭农场。在家庭农场发展的起始阶段，政府部门应积极主动帮助广大农户解决在注册登记和农场运行过程中遇到的困难和问题，开辟绿色通道，免收登记、年检等各项费用，对开办家庭农场提供“一站式”服务。

7. 加大政策扶持力度。一是完善农业补贴政策，加强对种植大户的专项补贴；二是支持和鼓励农业科技人员与家庭农场搞好科技对接，发挥科技人员主观能动性；三是制定奖励政策，对经济效益好、有带动作用的示范性家庭农场进行奖励。

董存良

2016 年 11 月

留住村镇历史文化遗存 助力乡村文化振兴

村镇历史文化遗存是乡村文化振兴的基本载体。近年来，我市通过组织申报各级文物保护单位，划定文物保护控制地带，不断加大对村镇历史文化遗存的保护与利用。现将有关情况整理如下：

一、我市村镇历史文化遗存保护情况

我市有着悠久的历史和丰厚的历史文化遗存，在昌邑境内发现的都昌、鄑邑、密乡等七处古城遗址，比较完整地体现了昌邑历史沿革的脉络，基本形成了全市不可移动文物的框架。姜泊、齐西、夏店三大古民居群各具特色，形成了山东民居的“昌邑类型”。从宋代到民国 1 500 幢碑刻的发现，记载了昌邑不同时期发生的众多重大事件，几乎是一部石刻的昌邑历史，乃全国罕见。昌邑拥有 53 公里海岸线，原盐生产历史积淀深厚。早在商周时期就是我国重要的盐业基地，是齐国盐文化的重要源头。自汉唐以来，一直是全国的重要盐区。近年考古在昌邑北部发现了火道—廒里和东利渔两个盐业遗址群，包括周、宋、元时期遗址共 211 处。专家确认，包括昌邑遗址群在内的黄河三角洲地区的盐业遗址群无论规模还是保存现状，在中国乃至全世界都是独一无二的。特别是东利渔村附近发现的“鄑邑故城”，是目前国内发现的唯一一座因管理盐务而设置的商周古城。昌邑历史名人众多，比较有影响的有汉代北海相孔融，明代户部尚书黄福，清代名医黄元御、建威将军傅振邦和近代的陈干、卢志英、峻青等，形成了昌邑独特的名人文化，并推动了文化艺术的兴盛和手工艺品的发展。艺术品门类众多，品种齐全，包括丝绸、书画、剪纸、土陶、草编、砖雕、砚雕、面塑、毛笔、木雕、泥塑、乐器等十多种。我市非物质文化遗产资源丰富，涉及手工技艺、民间文学、民间信仰、民间美术、民间礼俗、民间戏曲、民间舞蹈等多个门类。目前，我市有 4 项省级非物质文化遗产名录，19 项潍坊市级名录，61 项昌邑市级名录。

2014 年，市文化局帮助和指导龙池镇齐西村成功申报山东省首批省级传统村落名录，齐西民居申报成为省级文物保护单位名录。并以此为契机，督导龙池镇加强齐西村保护与开发，编制完成传统村落、历史文化名村保护规划，对齐西村道路及古建筑群进行了保护性修缮，同时对故居群周边环境进行了改造提升。

二、村镇历史文化遗存保护存在的困难和问题

一是对村镇历史文化遗存保护程度不够。有的村镇历史文化遗存被不恰当地改造，有的甚至被直接拆除，大量的文化遗存保护工作仅靠文化文物保护单位独立支撑，整体风貌的完整性受到很大影响。比如，出于商业开发的目的，一些历史建筑除临街立面外，其余主体结构全部被拆除。

二是保护理念存在偏差。热衷于建设仿古建筑一条街，拆除了原有历史建筑，破坏了历史文化街区的历史真实性。

三是注重商业价值开发。对传统民居的保护工作不够重视，存在过度整治的问题，“景点打造”在一定程度上取代了对历史文化街区的保护。有的文物建筑、历史建筑上悬挂有大尺度的广告招贴画，严重遮挡建筑立面，破坏了历史街区的传统风貌。

四是偏重村镇历史文化遗存的物质文化遗产的保护。对萌生、扎根于历史街区之中的非物质文化遗产保护不够重视，对原有的社会生态系统保护不够重视，割裂了历史街区与历史传统文化之间原生的、紧密的联系。

三、关于村镇历史文化遗存保护的有关对策建议

下步，建议将村镇传统文化遗存保护与利用工作提升到市级层面，积极探索新型城镇化进程中文化遗产保护和有效开发的途径，加大关注力度，出台有效措施，健全保障机制，建议重点在以下几个方面开展工作：

一是充分认识村镇历史文化遗存保护的重要性。保护和利用好村镇历史文化遗存，是我们义不容辞的责任和义务。要进一步增强责任感和紧迫感，切实做好文物保护工作。要树立“文物资源是重要的文化战略资源”和“保护文物就是保护生产力”的意识，按照《文物保护法》等法律法规做好基本建设中的文物保护工作。

二是要加大村镇历史文化遗存保护的宣传力度。要切实提高广大群众的文物保护意识，宣传一定要到位，要深入人心。新闻媒体、有关文化部门要通过多种渠道，采用多种形式，深入持久地宣传《文物保护法》《山东省文物保护条例》以及关于文化遗产保护的方针、政策，推进文物法律法规进机关、进乡村、进社区、进学校企业，不断增强广大群众特别是各级领导干部的文物保护意识和文物法律意识。结合上级文化主管部门实施的县级以下历史文化展示工程，利用传统村落、乡土建筑规划建设一批示范性镇史、村史展室。通过举办并引导群众观看展览，让更多的人了解这些文化遗产，加大文物保护知识的普及力度，形成保护文物人人有责、保护文物从我做起的广泛群众基础。

三是建议尽快编制我市村镇历史文化遗存保护专项规划。按照省文化厅和潍坊市文化局组织实施的乡村记忆工程要求，结合村落保护实际，深入挖掘传统历史文化村落的文化价值，科学编制保护规划，划定保护范围，明确禁止事项。

四是建议加大资金投入，提升保护水平。要加大对传统历史文化村落修缮、整治和保护投入力度，建议各级财政设置专项资金重点保护，健全完善资金使用办法，加强资金使用监管，确保资金专款专用。

五是建议加快传统历史文化村落与乡村旅游相结合。绘制乡村旅游线路，因地制宜设计文化旅游产品，以县为单位，将传统历史文化村落统一打包，综合开发，增加传统文化体验项目数量，提高文化旅游产品质量，提升传统村落吸引力。要积极推荐以齐西村、姜泊村为代表的传统历史文化村落列入各级特色景观旅游名村，充分利用互联网、数字媒介、电视传媒等多种渠道，进行宣传推介，吸引更多游客前来观光体验，聚人气，提档次。

王亚丽

2018 年 6 月

昌邑市以“三化融合”为抓手促进农村组织振兴

实施乡村振兴战略，是党的十九大作出的重大决策部署，是决战脱贫攻坚、决胜全面建成小康社会、全面建设社会主义现代化国家的重大历史任务，是新时代“三农”工作的总抓手。年初中央出台的《关于实施乡村振兴战略的意见》指出，要加强农村基层党组织建设，扎实推进抓党建促乡村振兴，突出政治功能，提升组织力，把农村基层党组织建成坚强战斗堡垒。这也对农村基层党组织建设提出了更高的要求，乡村振兴先要“振兴”农村基层党组织。昌邑市以“三化融合”等方式抓党建提升农村基层党组织组织力。

今年 4 月，为了更好地发挥村级党组织把关定向、协调各方、凝心聚力的作用，精准提升村级党组织组织力，巩固党在农村的执政根基，市委党建办下发了《探索构建“三化”融合模式提升村级党组织组织力》的意见。

一、“三化融合”的含义

所谓“三化融合”即村级“党员管理项目化、群众管理网格化、各类组织管理功能化”“三化”融合模式。以求用这种方式解决村级事务运行中的突出问题，努力形成以村级党组织为核心、各类组织为支撑，党员群众广泛参与、充满生机活力的村级治理格局，进一步巩固村级党组织的领导核心地位，切实提高党的政治领导力、思想引领力、群众组织力、社会号召力，为推动乡村振兴战略实施提供坚强组织保证。

二、“三化融合”的工作重点

（一）推行“项目化”管理，提升对党员的组织力。

村级党组织要扎实履行教育党员、管理党员、监督党员的职责，通过让每名党员定项目、抓落实，发挥他们参与村庄事务、服务群众的主体作用，切实提高村级党组织的凝聚力、战斗力和向心力。

1. 确立项目。村党组织应紧扣实际和群众需求，在深入调研和广泛征求意见的基础上，制定好任期规划和年度计划，并将年度计划进行分解立项，形成项目清单。采取组织安排、自主选择相结合的方式，确保每个项目都有党员认领，每名党员至少参与一个项目。对年老体弱、行动不便的党员，不作硬性要求。对存在不服从党组织安排、无故不参与项目的党员，根据有关规定，将其党组织关系转入镇街区帮教党支部进行重点管理。

2. 项目实施。年初，村党组织要公开党员项目清单，接受群众及社会监督。成立项目工作组，由党员骨干担任项目组长，组织党员细化项目措施，并牵头抓好组织实施。建立月调度季点评制度，每月召开阳光议事日会议时，集体研究讨论项目落实情况，各项目组组长汇报项目进展、存在问题和建议，村党组织提出下步具体要求，研究解决存在的问题；每季度，村党组织通过听汇报、实地查看等方式，对各项目组及党员项目实施情况进行点评。

3. 项目评价。年底，在镇街区党（工）委统一领导下，社区党组织通过座谈交流、现场观摩等方式，在所辖村之间集中开展项目点评；组织各村结合组织生活会和民主评议党员工作，由党员进行述职并开展民主评议，评议结果与党员星级评选和村干部绩效补贴挂钩，并同步向群众公开。

（二）做实“网格化”管理，提升对群众的组织力。

村级党组织要积极履行组织群众、宣传群众、凝聚群众、服务群众的职责，通过发挥村民网格作用，将党的触角延伸到每家每户，在提供优质服务中引导群众“感党恩、听党话、跟党走”，确保党组织成为群众的“主心骨”和“领路人”。

1. 科学划分网格。依托村民小组，按照群众居住区域划分网格，具体以街、路、巷、楼为界，原则上一个村民小组即为一个网格。注重从政治素质强、道德品行好、善于组织协调、热心为群众服务的村民中选拔网格长和网格员，网格长一般由村民小组长担任，网格员一般由村民代表担任。网格设置方案要经本村村民会议或村民代表会议表决通过后，报镇街区党（工）委审批备案。

2. 明确网格任务。网格长要组织网格员搞好政策宣传、邻里互助、社会治安、环境卫生等工作；及时将党的惠民政策和上级重大决定、决议传达到每名群众，组织带领群众完成好村党组织交办的各项任务；全面、准确掌握网格内群众基本情况，收集梳理民情民意并上报村党组织。

3. 规范网格运行。建立定期走访制度，组织网格员采取“一对一、一对多”的方式，全覆盖、经常性联系走访网格内群众，确保党的声音第一时间传达、群众诉求第一时间收集。建立问题办理反馈制度，网格长要组织网格员及时收集群众提出的问题建议，分类建立台账，并帮助办理解决，对办理不了的群众诉求，由村党组织接续办理，办理情况及时向群众反馈，确保事事有回音、件件有着落。其中，对群众反映的热点难点问题、棘手复杂等重大村级事务，坚持运用法治思维和法治方式，采取社区听证办法办理解决。

（三）加强“功能化”管理，提升对各类组织的组织力

村级党组织要强化对各类组织的领导，以激发活力、发挥最大功能为着力点，引领他们做好服务群众工作，切实使各类组织成为党发动群众、服务群众的重要助手。

1. 积极培育各类组织。村级党组织要积极领办或支持有能力的群众创办合作社、家庭农场、龙头企业、种养基地等经济组织，大力发展信息、技术、托管、农资供应等社会服务组织，推动建立音乐、舞蹈、书画、戏曲、体育、摄影等文体活动组织。对产业相近、风俗相通、关系融洽的相邻村，可打破地域界限组建区域性组织，力争使各类组织最大限度覆盖群众，让更多群众找到适合自己的组织。

2. 力促功能作用发挥。村级党组织要积极推动各类组织功能作用发挥最大化，有序引导各类组织和群众共商共建共治共享。对合作社、家庭农场等经济组织，指导完善组织章程，帮助制定发展规划，引导其大力发展农产品深加工、乡村旅游、电商经济等农村新产业新业态，不断拓宽集体增收和群众致富渠道。对村团支部、妇联等组织，推动成立“团员先锋队”“巾帼志愿队”等队伍，定期组织开展政策宣讲、环境保护、精准帮扶等活动，引导他们服务村庄发展。对行业协会、科技类、义工等社会服务组织，依托当地重点行业、优势产业和新兴产业，积极推行“支部 + 协会 + 农户”工作模式，推动实现资源共享、生产互助、风险同担，为群众创业、增收致富创造良好条件。对文体等群众组织，帮助协调场所及经费，搭建平台载体，丰富群众精神文化生活，进一步纯化乡风民风，树立文明风尚。

3. 强化日常管理。镇街区要对各村现有组织进行分类梳理，建立工作台账，及时进行更新。要通过建立党组织、选派指导员等方式，加强对各类组织的领导。实行清单制管理，年初村级党组织组织各类组织负责人制定年度计划，列出每月工作清单，并及时督促

开展工作。每月召开阳光议事日会议时，逐一听取各类组织负责人当月工作汇报，并帮助协调解决实际问题。对一时解决不了的问题，及时向所在社区党组织汇报。年底，以社区或村为单位召开各类组织负责人会议，表彰先进，部署任务，推进落实。

要突出“三化”融合。充分发挥村级党组织核心引领和党员骨干带动作用，集约资源，集聚力量，通过激发党员、群众、各类组织参与村庄事务的内生动力，推动思想、功能、作用融通融合，努力发挥最大效能，整体提升村级党组织组织力。

三、“三化融合”取得的初步成效

“三化融合”实施以来，各村共确定村级工作项目 3 026 个，1.7 万余名农村党员参与认领，划分村级网格 4 213 个，规范各类经济组织、文体活动组织 952 个。结合“大学习、大走访、大调研”工作，市委组织部成立以组织部机关干部为组长，160 名镇街区、市直单位干部及义工为成员的工作组，深入 45 个样板村 14 413 户家庭走访，全面了解每户家庭成员的个人信息及兴趣爱好、从业情况等，为“三化融合”提供大数据支撑。从卜庄镇的情况看，“三化融合”的实施推动了村党支部建设和农村各项事业的发展，为乡村振兴提供了组织保障。

1. 卜庄镇庙头村的情况。该村将上级精神和《“三化融合”方案》内容传达给全体党员和村民代表，迅速形成项目分解清单、党员认领清单、网格化台帐、各类组织台帐及计划清单在公开栏公示，确保人人知晓、步步落实，在思想上重视，在行动中抓紧。

党员项目化，突出“主动性”和“凝聚力”。清理三大堆、铺垫沙石路、打灌溉机井、疏通排水沟等一个个项目都被党员主动认领。庙头村党支部书记姜洪运认为三化融合不是“虚”，而是“实”，比如党员认领项目，都是关系群众生产、生活的实在事，干好这些实在事，受益的是老百姓，通过党员认领项目，实现了群策群力，提升了党员干事的主动性，增强了党组织的凝聚力，同时还密切了党群关系。

群众网格化，突出“服务”和“便捷”。根据居住分布，综合各类因素，将全村划分为 4 个网格，确保了电费代缴、政策咨询、老年人查体等服务项目覆盖每家每户。针对年纪大出门困难的老年人，推出了“代缴电费”等业务的上门服务，给群众提供了便利。

组织功能化，突出“人才”和“文化”。成立乡贤人才联谊会，搭建起信息交流的平台，凝聚起共谋乡村振兴的力量。新修建的文化广场占地 800 平方米，配置健身器械 10 余件，成立广场舞队丰富村民的文化生活。

“三化融合”机制的快速推进，使党员有了干劲，让群众得了实惠，党员群众心往一处想，劲往一处使，关系更为密切。

2. 卜庄镇西高村的情况。实施村级党员管理项目化、群众管理网格化、各类组织管理功能化“三化融合”模式以来，该村成立了党员项目任务认领小组。现在的西高村创先争优，各项目认领任务分工明确，扎实推进，成效明显。

村内 4 条道路硬化、污水排水沟整治、红白喜事、村容村貌整治等项目被党员认领后，各项目组各司其职，各负其责，有负责协调群众民事的，有负责验收工程材料的，有负责工程质量监督的，有负责工程施工的，现已硬化村内道路 4 条约 1 200 米。

村雨水污水综合整治项目也是重点工程，原来每遇大雨常发生内涝，雨水反流到户内，严重影响村民生产生活，针对这项工程，村两委决定在道路两侧修建地下排水管道，已经铺设管道 630 米，建设检查井 10 个。

按照“网格管理、定人定责、层层监督”的工作原则，西高村通过建立健全网格化管理机制，实现了各项工作的规范化、制度化、常态化。该村实行“网格长制”管理，采取“一格一长”的方式，将美丽乡村建设管理工作进一步细化量化，将责任具体落实到项目组、落实到具体人员，形成级级有责任、层层抓落实的网络管理机制。村网格组长对网区内群众入户走访，与各户签订“三包”责任状，并检查、监督工作落实情况，努力营造“西高是我家，建设靠大家”的浓厚氛围。

加强了“功能化”管理，成立了乡贤人才联谊会，为本村在外人才搭建了沟通、交流、合作、为家乡做贡献的平台。不断提升妇女联合会、红白理事会、村秧歌队、锣鼓队等群众组织的活力，极大促进了各类组织功能的发挥，使各类组织成为党发动群众、服务群众的重要助手。

西高村通过推动“三化融合”管理模式，大大调动了党员干部干事创业的积极性，增强了村党组织的凝聚力、向心力、战斗力。

3. 白衣庙村的情况。“三化”融合实施后，该村排水渠修理项目、道路绿化项目、文化广场硬化项目、温室无公害大棚项目等重点项目被党员主动认领，全体党员参与其中，年富力强的党员负责一线作业，年迈体弱的党员负责出谋划策和监督，目前排水渠修理项目、道路绿化项目已经顺利完工。党员项目化凝聚了党员力量，激发了党组织活力，党员用实干、真干切实发挥出先锋模范作用，村庄面貌明显提升。

白衣庙村以服务群众为核心，通过联系群众网格化，搭建便民服务“暖心桥”。一是坚持精细化服务，明确管理责任，划分“责任田”，要求每名网格员通过走访入户，亲手绘制属于自己辖区的民情地图，把服务的触角延伸到每家每户；二是坚持专职化服务，加强网格员的业务培训，要求网格员每周至少在自己网格内工作 7 小时，深入群众了解群众需求，提升服务水平；三是坚持人性化服务，将“坐等群众上门”变为“主动服务群众”，真真正正做到想群众之所想、办群众之所需，帮助群众解决问题。

白衣庙村建立了村级各类台账，其中最为亮眼的是以种植蔬菜大棚为主的新科技农业种植专业合作社。白衣庙村积极探索“党支部 + 合作社”模式，完成土地流转 1 000 亩，鼓励村民通过资金入股、资金加劳动力入股、土地入股等方式加入合作社，现在已有 100 余户村民加入合作社，蔬菜大棚项目的落地实施，为群众乡村振兴的梦想勾画出新的蓝图。

总之，“三化融合”的意义有三点：

1. 能够提升党支部的战斗力凝聚力，在党支部的领导下，发挥好群众和各类组织的作用，彰显其在乡村振兴的主心骨作用。

2. 能够调动党员群众的积极性，给党员和群众中的先进分子提供了干事平台，使他们身上有责任，也为选拔干部提供了依据。

3. 能够充分发挥各类组织的作用，调动各方面力量参与到乡村振兴的工作中。下一步市委组织部将探索研发全市“三化”融合管理平台，将党员项目、村民网格、各类组织信息录入系统，并对走访数据进行分析研究，实现动态化、精准化管理。加强调度指导，召开部门座谈会、业务培训会、工作调度会，组织相关部门负责人到示范点现场点评，征求在文化、规划、建设等方面的意见建议，提升村庄管理精细化水平。

董存良

2018 年 7 月

以基层党组织建设为抓手推进乡村有效治理

组织振兴既是乡村振兴的应有之义、又是根本保障，既是乡村振兴的现实需要、又是治本之策。在乡村组织中，基层党组织是领导核心，推动乡村组织振兴，基层党组织振兴是关键。乡村组织振兴的关键是打造坚强有力的党的基层组织，夯实乡村振兴的组织基础。

党的十九大提出了乡村振兴战略，治理有效是乡村振兴的基础，为此，必须建立健全党委领导、政府负责、社会协同、公众参与、法治保障的乡村治理体系。在这个新体系中，基层党组织的组织力、凝聚力、战斗力无疑是至关重要的。在这一背景下，昌邑市委于 2018 年 4 月启动了党员管理“项目化”、群众管理“网格化”、各类组织管理“功能化”的“三化”融合试点工作，试图探索一条增强村级党组织组织力的现实路径。很显然，这项措施能否产生实效，既取决于市委的决心，也取决于基层组织的现实状况。因此，开展一项村级党组织现状及其在乡村治理中的实际作用的调研是必要的，调研主要集中在摸清农村党员结构是否适应乡村振兴的需要，村级党组织与其他组织之间的关系模式是怎样的，村级党组织的工作状态是怎样的等。我们走访了柳疃、石埠、围子、北孟和奎聚的部分党员群众，发现了一些值得关注的问题。

一、农村基层党员基本情况

1986 年《中共中央关于整党的决定》以来，在更注重在青年、妇女、高知识群体和各类人才中发展党员的原则指导下，昌邑市党员的年龄结构、学历结构、职业结构得到改善。根据《昌邑市志》，1990 年发展的党员中，35 岁以下的党员占比 67.4%，而在 2005 年发展的党员中，这一比例已经上升为 72.3%；在 1990 年发展的党员中，高中文化程度以上的党员占比 62%，而在 2005 年发展的党员中，这一比例已经上升为 71%。年轻化、知识化两个方面的指标呈持续上升势头。就总量来看，目前昌邑市共有党员 39 267 名，全市人口、党员比约为 15：1。

发展党员年份	35 岁以下新党员（%）	高中文化程度以上新党员（%）
1990 年	67.4	62
1995 年	65.8	72
2000 年	61.1	77
2005 年	72.3	72

数据来源:《昌邑市志》

就农村党员在全市党员中的占比情况来看，1985 年时农村党员占 69.3%，此后这一比例开始逐渐降低，2005 年时为 56%，此后十几年间基本保持稳定。目前，在全市 39 267 名党员中，农村党员 2.2 万名，占比与 2005 年持平。但是，从本次所调研的村庄的情况来看，村民人数与党员人数之比平均为 23：1，远远高于全市人口数与党员数之间 15：1 的比例。

行政村	所在乡镇	村户数	村民人数	村党员人数	参加党员培训人数	其中 35 岁以下人数	其中 60 岁以上人数
门八村	柳疃镇	265	839	43	18	3	12
九龙屯	北孟镇	312	1 357	25	8	0	2
大章北村	围子镇	278	878	36	9	0	5
葛东村	石埠	320	1 160	43	13	0	7
中庄头村	奎聚街道	54	269	48	3	0	2

数据来源：访谈及《2018 党员培训手册》

二、农村基层党组织建设存在的问题

（一）农村党员总量不足、结构不合理。

在“坚持标准，保证质量，改善结构，慎重发展”的原则指导下，组织发展过程中为农村安排的名额较少，很多被访党员群众反映“现在入党很难”，从我们所调研的几个村庄的情况来看，村民与党员的比例为 23：1，九龙屯等个别村庄高达 54：1，远远高于全市的总平均值（15：1）。按照“要注重在党的力量比较薄弱的地方发展党员”的要求，越是“软弱涣散”的村庄越应当发展党员。而实际情况是，越是这样的村庄越难以发展党员，形成了恶性循环。农村党员总量明显不足的问题值得重视。

农村党员结构不合理主要表现在老年党员占比较高，党员“老龄化”问题比较严重，“七个党员八颗牙”是对个别农村党员队伍老龄化现象的形象比喻。党员老龄化既与农村人口老龄化有关，也与年轻党员流动性较强有关，还与部分村庄的“政治家族”有意限制“外人”入党，从而减少了青年党员的后备力量有关。从农村党员培训班名册来看，学员大部分在45岁以上，很多是60岁以上的老年人。这些老年党员可能曾经担任过村干部，为村里的稳定与发展做出过贡献。但是，这些老年党员一般文化水平不高，发展理念趋于陈旧，这又决定了其难以适应新形势下的工作要求，降低了整个基层党组织的组织力、战斗力。

（二）村支书在村里唱“独角戏”的现象较为普遍。

我们在调研过程中感觉到，村里的普通党员基本上都能做到按时交纳党费、定期参加会议，大部分能做到不与村支书“对着干”“唱对台戏”。但是，普通党员对村里的事务更多的是“消极合作”“袖手旁观”，既不主动，也不拒绝，俨然一个“局外人”；村“两委”成员和支部书记在村里处于唱“独角戏”和单打独斗的状态，疲于应付各式各样的繁杂事务，更难以在征地拆迁、信访维稳、扶贫解困、发展经济等重大事务上形成“众人划桨开大船”的局面。

（三）“第一书记”派驻村庄的遴选存在“嫌贫爱富”问题。

“第一书记”的制度设计是为了借助“外力”打破“软弱涣散”的村级组织的恶性循环。由于“第一书记”的人选往往来自“实权”部门，可以给所进驻的村庄带来“实实在在”的好处，所以无论是乡镇还是村里都非常欢迎“第一书记”。但是，乡镇从自身的政绩需要出发，更趋向于把有限的“第一书记”的派驻名额分给“帮一把，就可以上一个台阶”的村庄，而不是分给“帮一把也没什么用”的真正“软弱涣散”的村庄。从某种意义上说，真正需要外部因素介入的“差等村”事实上“被遗弃了”。

（四）历史遗留问题是导致基层组织“涣散”的重要原因。

消除“软弱涣散”村是基层组织建设的一个主要目标。“软弱涣散”型村庄通常有两个特点：一是集体经济空壳，二是存在历史遗留问题；前者导致基层组织“软弱”，后者导致基层组织“涣散”。历史遗留问题主要与土地、山林、厂矿等集体资产有关。有的是当初发包或出租的时候，承包人已经按照合同一次性付清了相关费用，这些钱早已被村里花完，现任村干部想收回；有的是当初签订了合同，但现任村干部认为当初定价不合理，试图修改合同或变更承包人；而且，当初的承包者往往与时任村干部有或间接或直接的利益关系。所以，集体资产的承包、续包问题演变成了村庄内部错综复杂的政治斗争，基于利益争夺而形成的不同“派系”之间积怨难消，相互拆台，在发展党员问题上各布各的局，严重影响了组织建设。所以，相比较而言，历史遗留问题是更加迫切需要解决的问题。

三、对农村基层党组织建设的对策建议

（一）通过建立老年党员主导的基层老年协会，发挥其在乡村治理中的独特作用。

面对党员老龄化局面，人们通常的思路是加大吸收优秀青年入党的力度，以逐渐优化年龄结构。但是，应该认识到，老年党员本身也是一种独特的财富和资源，在农村人口老龄化日益严重的背景下，尤其应该重视发挥老年党员在乡村治理中的作用。老年人可能在发展经济、实现产业振兴方面无能为力，至少不如年富力强的中青年党员得力；但是老年人尤其是老年党员是文化传统的主要传承者、守护者，可以在传承和推动优秀农耕文化遗产合理适度利用方面发挥重要作用，为繁荣兴盛农村文化做出特殊贡献；他们在参与和介入社区公共事务时，通常借助于伦理道德的规范作用，有效提高乡村德治水平，有利于乡村社会稳定。发挥老年党员作用的最有效方法是建立以老年党员为主导的基层老年协会，通过提高组织化水平向老年人赋权赋能。这在老年人已经成为大部分村庄真正的常住居民的情况下，更加重要。所以，党的基层组织建设应当与农村老龄事业发展规划结合起来，与“积极老龄化”战略结合起来。

（二）“第一书记”的派驻应更注重“造血”而不是“输血”。

现阶段“第一书记”的选与派都是基于向落后村庄输入物质性资源的“实用”目的，见效快而且“看得见，摸得着”。所以，“第一书记”的工作更多的是招商引资或改善公共设施。但这种做法并不能提高基层组织本身的组织力和战斗力。应当选派有农村工作经验、有魄力的党员干部到“软弱涣散”村庄，帮它们解决历史遗留问题，理顺组织建设的工作机制，提高基层党支部的组织力和战斗力。

（三）“分类施教”，增强党员教育的针对性。

应根据党员的年龄结构和文化水平结构，开展分类教育培训。对年富力强的中青年党员应当更侧重于党性教育和带领村民共同致富的能力的提升。从 2018 年党员培训的情况来看，35 岁以下报名参加培训的党员很少，实际到课的更少。青年党员要求入党时很积

极，入了党以后，就降低了对自己的要求，应当加强对他们的党性教育。报名参加培训的老党员居多，很多是60岁以上的老年党员，实际到课的老年党员更多一些。对于这些老年党员，应当更侧重于解放思想、老有所为方面的教育。

（四）推动农村党员精细化管理，充分发挥党员的积极性。

一是实行积分制管理，使激励精细化。通过对党员参加组织活动、履职尽责奉献、先锋模范作用发挥等方面以积分形式进行量化评比，可以充分调动党员工作、学习和服务的积极主动性，使党员日常管理工作更加精细化和科学化，形成有力的激励机制，促使各类党员充分发挥作用，推动基层党建工作落地落实。二是实施项目制管理，使载体差异化。党员管理“项目化”，即借鉴现代企业“项目化”管理理念，将村级重点工作、重点任务分解成项目，让有能力的党员通过认领项目参与村级工作，做到发挥作用看得见、摸得着，便于管理和考核。三是把党员纳入义工管理，使平台扩展化。通过义工联合会的平台，吸纳更多的党员参与进来，使党员发挥作用的平台更加扩展，形成了由一名党员义工带动一群人，一个店面的变化带动整条街的变化，从而形成以点带面的良好局面，形成新模式引领新格局。健全“上下联动”的基本体系，市级成立党员义工总队，街道部门成立义工支队，下设分队，构建“总队—支队—分队”义工队伍体系，推动服务落地落实，确保有序联动。进一步推动以党组织为“引擎”带动全市志愿服务，有效提升党员义工专业化服务水平，做亮党建品牌。

参考文献：

[1] 贺雪峰. 规则下乡与治理内卷化：农村基层治理的辩证法 [J]. 社会科学，2019，（04）

[2] 郭苏建，王鹏翔. 中国乡村治理精英与乡村振兴 [J]. 南开学报（哲学社会科学版），2019，（04）

[3] 张宇. 治理视角下新社会阶层在乡村振兴中的作用研究 [D]. 泰安：山东农业大学，2020

[4] 习近平. 关于加强党的基层组织建设的思考 [J]. 理论学习月刊，1991

焦叙鹏　汲淑艳　范婷

2018年7月

昌邑市实施乡村振兴战略的调查与思考

党的十九大和中央农村工作会议提出全面实施乡村振兴战略，并将其提升到战略高度、写入党章，把农业农村工作摆在更加重要地位，为农业农村改革发展指明了航向。近年来，昌邑市在新农村建设和实施乡村振兴战略工作中做了有益探索，取得明显成效，但与先进地区相比还存在一定差距。按照学校的调研计划，我们组调研了几处镇街，对实施乡村振兴战略的现状、存在问题及对策建议进行了梳理和汇总，现将情况报告如下：

一、昌邑市农业发展基本情况

2017 年，全市完成农林牧渔业增加值 43.13 亿元，增长 4.2%。其中，农业增加值 22.27 亿元，增长 3.3%；林业增加值 0.42 亿元，增长 7.5%；牧业增加值 9.51 亿元，增长 2.5%；渔业增加值 6.31 亿元，增长 5.7%；农林牧渔服务业增加值 4.62 亿元，增长 10.8%。内部结构进一步得到优化调整。2017 年，全市粮食播种面积 118.53 万亩，下降 0.9%；产量 50.9 万吨，增长 1.8%。其中，夏粮产量 25.6 万吨，下降 5%；秋粮产量 25.3 万吨，增长 9.8%。棉花种植面积 5.12 万亩，产量 0.48 万吨。油料作物种植面积 2.9 万亩，产量 0.9 万吨，其中，花生种植面积 2.89 万亩，产量 0.9 万吨。蔬菜种植面积 13.55 万亩，产量 53.59 万吨。15 家农民合作社成为国家和省级示范社；农产品品牌达到 133 个，其中无公害农产品品牌 75 个、绿色食品品牌 24 个、有机食品品牌 4 个、农产品地理标志 14 个、地理标志证明商标 16 个；潍水田园综合体成为省级唯一试点项目；“昌邑大姜”入选省第二批知名农产品区域公用品牌，昌邑市列入首批全国特色农产品优势区、全国农村一二三产业融合发展项目试点县。2017 年，全市农机总动力达 96.47 万千瓦，农机原值达 14.04 亿元。农用拖拉机 2.4 万台，其中，大中型拖拉机 8 162 台。联合收获机械 2 151 台，其中，稻麦联合收割机 1 059 台，玉米联合收获机 1 092 台。播种机 7 529 台，其中，免耕播种机 2 379 台。秸秆粉碎还田机 982 台。小麦、玉米生产实现全程机械化，农机化综合水平达 96.86%。农林牧渔业用电量达 3.32 亿千瓦时。2017 年，建立覆盖市、镇、村三级的河长制组织体系，全市共设立县级河长 8 名、镇级河长 59 名、村级河长 376 名，设立高标准各级河长公示牌 423 块。封闭非法自备井 83 眼；征收水资源费 2 953 万元。完成总投资 1 947.76 万元的年度农田水利项目县建设任务，发展高效节水灌溉面积 1.42 万亩，全市农田灌溉水有效利用系数调高到 0.666 7；组织实施农业水价综合改革项目，完成改革面积 5.21 万亩。完成投资 4.157 亿元的地表水净化水厂工程规划论证和土地调整；完成了投资 2.1 亿元的丰泉水库外围工程建设；建设了投资 1 100 万元的潍河抗旱应急调水补源工程，调引客水 1 800 余万方；实施总投资 4 200 万元的蒲河河道生态修复工程，完成倒虹吸、溢流坝、拦水坝等工程；开工建设了投资 9 000 万元的龙源水库主体工程。

二、昌邑市实施乡村振兴战略存在的问题

近年来，昌邑市在乡村发展方面取得了显著成绩，但同时也必须看到，农村经济社会发展中的一些深层次矛盾还未根本解决，城乡差距仍然较大，给乡村振兴带来很大困难。

1. 农业产业发展层次较低。近年来，虽然我们对农业特别是农业产业化发展日益重视，但仍存在一定程度的重工业、轻农业的思想，推进农业产业化发展步伐还不够快。农业产业链条不够完善，主要集中在种植、养殖环节，良种培育及农产品深加工存在明显短板，缺少高水平农业研发机构，市场竞争力不够强。

2. 农产品知名品牌较少。现有农产品品牌影响力较弱，知名度、美誉度不高，总体竞争力不强，未能发挥好龙头效应，对企业发展的拉动及全市经济的带动作用不够明显。

3. 农村环境问题越来越突出。生活污水、农药化肥、生活垃圾和粪便等已成为农村环境污染的主要原因，使农村地区环境状况日益恶化。部分村民环保意识薄弱，对生活污水的危害性认识不足，农村生活污水处理设施建设成本高、资本回报周期长，甚至无经济回报，民间资本很少介入，财政补助资金只能弥补部分成本，经常出现投入不足、配套资金不到位现象。

4. 三产融合程度不深。一是农业产业规模不大，与二三产业融合程度低、层次浅，链条短，附加值不高。新型农业经营组织发育迟缓，对产业融合的带动能力不强，有带动能

力的新型经营主体太少，一些新型经营主体有名无实，还有一些新型主体成长慢、创新能力较差，不具备开发新业态、新产品、新模式和新产业的能力。二是三产融合利益联结机制有待创新。虽然出现了农民电商专业合作社、订单式农业、流转承包农业等，但真正将农民利益与新型农业经营主体利益紧密连接在一起的，所占比例并不高。三是农民技能素质相对低，农村产业融合型人才缺乏，抑制了先进技术要素的融合渗透。农户对乡村旅游、农村电商等新业态认识不够，抑制了三产融合发展进程。

5. 新型农业经营主体数量不多且层次不高。从我市情况看，以农民合作社、家庭农场和龙头企业为代表的新型农业经营主体发展存在明显短板。农村新型经营组织发展质量不高、后劲不足。一是管理不规范。内部管理制度不健全，即便有也不严格执行，尤其是财务制度。成员账户不健全、不规范。有些合作社虽然建立健全了各项管理制度，运行正常，但内部运行不规范，合作社的章程、制度流于形式，形同虚设。二是发展资金短缺，后劲不足。农民合作社的主体是农民，农民自身的经济基础弱，积累少，经济实力差，合作社贷款融资难，严重制约了部分合作社的发展。

6. 农村精神文明建设离乡村振兴建设目标还有不少差距。通过这次调研发现，农村整体创建水平不太高、活动不深入、载体不丰富、机制不健全、方法较单一，群众文明素养、文明习惯有待提高。一些村民的不良生活习惯与现代文明要求形成鲜明的反差，教育引导农民养成良好卫生习惯提高整体素质缺乏必要的措施和手段，农村精神文明建设缺少特色和创新。

7. 农业服务技术力量不足。农业技术人才短缺和技术服务力量不足成为制约农业生产的重要因素，技术服务不到位已制约着我市农业产业的发展，农业部门技术力量严重不足，近年来承担工作逐年加大，但人员减少和专业技术人员匮乏问题始终未能解决。

三、对于实施乡村振兴战略的几点建议

1. 大力发展特色产业，推进农业结构调整。一是实施特色农业提质增效行动计划，提高农业供给质量和效益，把特色产业做成带动农民增收的支柱产业。二是推动龙头企业与农户、合作社建立紧密型利益联结机制，让农民能享受到现代农业种养加贸等产业链条的各个层次的收益，让农业更强、农民更富。三是设计和安排更多更好的强农惠农政策，给

新型经营主体和农户产业发展提供更多的补贴资金，帮助农民发展现代农业。

2. 加快农村基础设施建设，补齐农业农村短板。以创建美丽宜居示范村为抓手，持续推进完善农村联网公路、农民饮水安全等工程建设，统筹推进县域内农村文化、教育、卫生、托老、通讯等公共服务发展，集中开展村容村貌、户容户貌大改观活动，在农村形成“环境整洁优美、基础设施配套、管理制度健全、社会秩序井然、精神面貌良好、人居环境改善”的良好局面，让农村不仅留住农村人，还要留住城里人来玩、来住、来发展产业。

3. 支持发展乡村旅游和生态文化旅游，把昌邑红色绿色资源变成脱贫的资产。快速提升我市旅游综合承载力，为全域旅游发展奠定坚实基础，加快建成集红色旅游、生态休闲、特色文化、康养度假、产业互融为一体的综合旅游发展区。

4. 突出项目带动，推进农业产业三产融合发展。一是主抓项目建设。把农业招商引资引进项目作为加快发展现代农业的根本之策，围绕农业种植、养殖、加工和流通项目，精心编制、包装项目，充分挖掘我市农业资源、产业基础、生态环境等优势，突出设施农业、休闲农业、精深加工农业等领域，重点引进一批投资规模大、技术含量高、市场份额多，对我市现代农业发展有重大影响和带动作用的项目。二是积极培育农业主体。进一步激发本地能人、种养大户、合作社等新型经营主体投入发展农业产业的积极性，通过帮助解决信贷、技术、信息、土地等方面难题，努力培育一批带动农业产业发展的经纪人。

5. 加大农村生态环境建设力度，促进人与自然和谐共生。大力推进乡村生态文明建设，积极推进农村生产方式、生活方式和消费方式的绿色化、生态化，推广太阳能、沼气等清洁能源，优化农村能源结构和产业结构，开展农村生活垃圾和污水治理，巩固农村环境整治成果，实施农村“厕所革命”，加强农村面源污染治理，深入推进农药化肥零增长行动，完善农业废弃物资源化利用制度，建立乡村环境治理长效机制。

6. 营造良好的科技人才发展环境，为乡村振兴提供农业科技和人才支撑。一是用优惠政策、优厚待遇吸引和留住专业技术人员，改善基层农业科技人才的工作环境、待遇；二是建立良好的选人用人机制，招考一批大学生到市、乡镇农技岗位任职；三是选派省市优秀技术骨干到市、乡挂职，为本地的农业生产提供技术保障。四是鼓励引导年轻人回乡就业和走出去的企业家回乡立业，在政策范围内给予补贴优惠、产业支持，带动村民脱贫致富。

7. 深化农村精神文明建设，提高农民文明素质和农村社会文明程度。要以户为抓手、以村委为基础、以乡镇为龙头，深化文明村镇、文明家庭创建活动，不断丰富星级文明户、文明家庭、文明村镇的创建载体，着力发挥好各类创建典型的排头兵作用，努力掀起群众性精神文明创建新高潮。引深昌邑“道德模范”“昌邑好人”评选表彰活动，广泛开展道德模范巡回宣讲和善行义举榜建设活动，进一步健全好人评选、礼遇道德模范、帮扶困难道德模范机制，在乡村形成崇德向善、见贤思齐的社会风尚，在全社会形成人人参与乡村振兴的浓厚氛围。

8. 加强党委对乡村振兴工作的领导力量，推动工作高效落实。成立乡村振兴战略议事协调机构和乡村振兴办，加强市委对实施乡村振兴战略有关事项、重大项目统筹协调和指挥调度，更好地发挥各部门作用，整合资源，提高工作效率，全面落实各项任务。

焦叙鹏　汲淑艳　范婷

2018 年 11 月

昌邑市特色小镇建设情况调研

特色小镇是在新的历史时期、新的发展阶段的创新探索和成功实践。特色小镇建设是乡村振兴的助推器，是推进城乡发展一体化的重要突破口。它能够吸纳更多的农业转移人口就业，进而带动农业劳动生产率的提高，加快农业和农村的现代化进程。特色小镇在实施新型城镇化战略中具有不可替代的独特作用，正在成为我国经济转型升级、新型城镇化建设的重要载体，在推进供给侧结构性改革、生态文明建设等方面发挥着重要作用。昌邑市作为县级城市，工农业发展相对平衡，各镇街区都有自己独特的资源优势、区位优势或者产业优势。在中央推进乡村振兴战略实施的过程中，如何把自己的独特优势变为胜势，脱颖而出，成为摆在各镇街区面前的重大课题。特色小镇建设也许会是破解课题的思路。

一、特色小镇的内涵及特征

特色小镇是指在几平方公里的土地上由一个企业或若干个企业共同投资，集聚特色产业，生产、生活、生态空间相融合，不同于行政建镇和产业园区的创新创业平台。它被赋予了全新的时代内涵和特色，不是行政区划单元的“镇”，而是产业发展载体；也不是传统工业园区或旅游功能区的“区”，而是同业企业协同创新、合作共赢的企业社区；更不是政府大包大揽的行政平台，而是企业为主体、市场化运作、空间边界明确的创新创业空间。特色小镇应包括以下特征：一是在布局上，突出“小而精”。特色小镇一般规划面积在3平方公里左右，特色小镇要在有限的空间里充分融合产业功能、旅游功能、文化功能、社区功能，在构筑产业生态圈的同时，形成令人向往的优美风景、宜居环境和创业氛围。二是在产业上，突出“小而强”。每个小镇立足一个主导产业，打造完整的产业生态圈，培育具有行业竞争力的“单打冠军”，做到“人无我有，人有我优”。三是在体制机制上，突出“小而活”。特色小镇主要特点是运作方式新，采用分批建立创建对象，中间动态优胜劣汰；规划建设理念新，融入了四大功能叠加等新理念；坚持“政府引导、企业主体、市场化运作”，助力特色小镇务实建设。四是在功能上，突出“小而优”。一个特色小镇，能够改善人们的居住环境，提供休闲娱乐的空间，使得人们多了一个旅游的去处，而且能够吸引新经济在当地落户，改善一个区域的投资品质和投资环境，解决当地的就业，吸引中小企业和一些特色产业入驻，源源不断产生税收。五是在生态上，突出“小而美”。特色小镇需要有和谐宜居的特色环境，便捷完善的设施服务来打动人、吸引人，让小镇居民有获得感、幸福感。

二、昌邑市的特色小镇建设基本情况

昌邑市每个镇街区都结合本地特色，规划特色园区，打造特色小镇。2019 年完成小城镇建设投资 35.8 亿元。全面启动特色小镇建设，重点规划建设了 10 个特色小镇。分别是饮马镇的梨花小镇；奎聚街道的康生特色小镇；龙池镇的文旅小镇；柳疃镇的丝绸之乡小镇；围子街道的智能动力小镇；卜庄镇的历史文化特色小镇；下营镇的渔家文化旅游特色小镇；石埠经济发展区的潍水商旅小镇，都昌街道的大姜小镇、北孟镇的生态农业小镇。

饮马镇梨花小镇：梨花小镇以“千亩梨园”为引擎，挖掘地域文化、开发千亩古梨园、升级博陆山景区、建设观光农业、亲子乐园打造新型城乡空间和“农旅双链”的生态示范综合体，重构全新生产生活的新型城镇。总投资达 36 亿元。昌邑梨花小镇入选潍坊市 2018 年度十佳特色小镇，表现出了很大的发展潜力。

柳疃镇丝绸小镇：以“丝绸之乡”为主题，突出柳疃丝绸传承，挖掘柳疃丝绸历史，将一、二、三产业融合与历史、文化、产业融合同步打造，构筑柳疃独有的丝绸文化。以潍河、小龙河为两条主线，建设以桑蚕体验为主题的“万亩桑园”，以重现柳疃丝绸交易盛况为主题的“丝绸古街”，以文化创意为主题的丝绸文化创意园，以华信丝绸公司、华裕丝绸公司、中国棉纺城和柳疃工业园区为主体的现代丝绸产业区。

围子高铁新城花彩小镇：围子街道将绿博园、花木城、高铁新城统一规划，打造一个以机械装备产业、花木产业、生态休闲文化产业为支撑的现代化、低密度、大生态特色城镇。依托绿博园名片，以花彩大道为主线，打造绿色生态平台。以潍莱高铁建设为契机，与绿色生态进行有机结合，突出“生态、文化、休闲、产业融合主题”，以花木城为中心，打造绿色故郡、潍水新城。潍莱高铁昌邑南站落地围子将于 2018 年建成运行。

龙池镇的文旅小镇：依托红色底蕴，发掘齐西村传统文化，继续将孙膑庙、鄑邑故城、北部盐田、抗战纪念馆、红色文化馆等旅游景点串点成线，形成新兴的观光、休闲、旅游产业带，力争将龙池镇打造成为“传统文化的展示区、农家生活的体验区、革命教育的示范区”，积极申报国家 3 A 旅游景区。今年完成投资 5 000 多万，完成孙膑庙、双子庙、齐氏家庙、家风家训展示馆、马渠红色教育基地、颐爱养老康复中心、梦幻花海生态观光园、跑马场、相关旅游景点配套绿化工程、道路硬化（串联旅游景点）、儿童乐园、大型停车场，成功举办龙乡文化节，齐西村作为国家级传统村落纳入国家 2017 年中央资金支持的名单。

卜庄镇历史文化小镇：借助沿潍河自然风光和历史遗迹，以曹雪芹戚里姜泊村及省保护单位“姜泊民居群”“夏店民居群”、俊青旧居、胶北特委旧址为中心，围绕发展全域旅游，将集中整合打造区域内代表性的旅游景点，全面提升文化旅游产业。已经完成投资 1 060 万元，完成《总体规划》初稿；完成特色小镇创建方案及 ppt 展示材料，制定具体实施计划，确立了项目承办单位，成立了具体实施的潍坊潍水文旅有限公司。

石埠商旅小镇：商旅小镇总体布局“一核一街二区三基地”，共九个项目，以潍水田园综合体试点建设为核心，辐射配套完善青山古街、青山秀水旅游度假区（含景区服务综合体项目）、高档苗木种植区、现代农业示范基地、花卉果蔬种植体验基地（含青山庄园和后柳杭花卉果蔬示范园）、养老托幼基地及集中供热中心，打造成集生态农业、休闲采摘、医护养生、养老托幼、度假娱乐等多种功能为一体的复合型、多元化、体现石埠特色的商贸旅游特色小镇。

下营渔家文化旅游特色小镇：下营镇通过打造渔盐特色美丽乡村、增添镇区的渔盐特色元素等形式突出特色品牌；同时加大招商宣传力度，与临朐揽月岛旅游开发有限公司建立良好互动。规划设计总投资 10 亿元，打造“吃、住、行、游、购、娱”于一体的滨海旅游综合体，推进渔家文化和旅游深度融合，实现“下营港区、海洋生态保护区、养殖示范区”三区的融合贯通。

北孟镇生态农业小镇：生态农业小镇主要打造大型农业合作社，依托 805 省道贯穿东西的区位优势，充分利用家庭农场、特色种植园开展特色旅游，建立绿色果蔬采摘园、绿色农业观光园。重点打造王建海特色种植、旅游、观光、采摘等特色种植园项目。建有电子商务掌上农资一条街，辐射周边乡镇100多户农资经营业户参入网上经营。完善北孟大姜、品牌苹果、九龙屯大蒜等北孟特色农产品的深层加工，满足市场需要，扩大市场需求。

奎聚街道石湾特色小镇：潍河西堤综合开发利用项目以潍河生态风光、绿色文化、民俗风情为载体，以“河、绿、海”为开发主线，以重点项目为抓手，着力打造“潍水风情渤海绿都”旅游品牌。在国家宏观“一带一路”建设，美丽新农村，产业升级以及互联网、物联网等智慧产业的发展方向上，拉动消费，提高经济效益，将建立一片全新定位的发展项目。

都昌街道大姜小镇：都昌盛产大姜，素有“姜乡”之称，已有500多年的大姜种植历史，街道大姜种植面积达到3万多亩，“昌邑大姜”已注册地理标志证明商标。街道现有全市最大的两家专业大姜市场，一家是昌邑琨福蔬菜大姜批发市场，另一家是山东宏大生姜市场。都昌街道以两大市场为依托，大力发展生姜示范种植基地，出产高质量的大姜，发展生姜深加工产业，实现“一二三”产业深化融合，促进大姜产业链延伸发展，使现代大姜农业成为街道经济发展的一大特色。

三、昌邑市特色小镇建设中存在的问题

昌邑市特色小镇建设取得了很大成绩，各镇街区结合各自实际都打造出了不同的特色品牌，但通过调研，我们发现特色小镇在实际运营中还存在一系列问题：

（一）概念不清，定位不准。一些镇街区将特色小镇概念无限扩大，将一些新规划的农业项目、教育项目、工业项目、生态保护项目等都冠以特色小镇的名义；有些镇街区想借助特色小镇的概念来争取资金，过分强调特色小镇的经济意义。有的存在一定程度的简单模仿照搬照抄现象。

（二）产业基础优势不够明显，产业配套不完善。特色产业特色不明显，同质化严重，合适的产业是支撑特色小镇健康发展的根本力量，但是仅强调产业存在是不够的。只关注生产问题，却忽视进驻企业的经营者和职工的生活需求，如消费、教育、医疗等。有“产”无“城”难以稳定吸纳人口。

（三）资金短板凸显。特色小镇的建设具有投入高、周期长等特点。有关部门测算，

一座面积 1—3 平方公里的特色小镇，投资要几十亿元。由于特色小镇需要以基础设施的投入为前提，这对一些财政较薄弱的地区而言，显然无法负荷。同时，特色小镇所需的土地拨备也很难一次性到位。因而，持续稳定的资金来源就成为了特色小镇发展的关键。随着路网、绿化等基础设施的全面铺开，资金短板凸显成为制约特色小镇发展的主要因素。

（四）个别镇街区在特色小镇创建工作中贪多求快，追求短期利益和表面形象变化，将开发特色小镇等同于纯粹的建设城镇各类基础设施。有些房地产企业以特色小镇之名，变相搞房地产开发，“摊大饼、造新城”，出现“空心化”“地产化”的倾向，让造出的新镇变“空镇”。

四、有序推进特色小镇健康发展的几点建议

特色小镇用钱砸不出来，靠行政手段也造不出来。要充分发挥市场作用，慢工出细活，做到产业“特而强”、功能“聚而合”、机制“新而活”，真正让特色小镇健康成长。

（一）端正发展理念，突出优势特色。中央经济工作会议在部署 2018 年工作时，明确提出要“引导特色小镇健康发展”。特色小镇旨在缓解“大城市病”和为新兴高端特色产业寻找成本洼地。目前，在特色小镇的开发中也出现了一些不良现象，根本原因是特色小镇的发展定位模糊。特色小镇重在“特色”。不管是产业小镇还是文化小镇，个性化才有竞争力、生命力。必须明确特色小镇的内涵，坚持以人为本、长远谋划，避免为了“特色”而“特色”“捡到篮子就是菜”的想法，理念是行动的先导。能够发挥自身比较优势，在城镇建设和发展的某些领域能够体现人无我有、人有我强的功能平台。因此，打造特色小镇，一要体现因地制宜，结合地方特点，发挥地域优势，在此基础上找到有生命力、有市场前景的产业，在城镇基础设施和建筑风貌方面与当地的自然地理条件相匹配，充分体现当地的风俗特点。二要把小镇的文化性放在首位。所谓文化，就是淳朴的民风、天然的山水、独特的人文景致、具有地方风格的饮食等，既是现代风情的经营，也是传统的延续，或是内涵丰富的文化创造。文化服务可以现代化，但文化的内容却要承载厚重的历史。因为地方特色不是硬造出来的，而是依据文化历史传统特点加以延伸的。昌邑各镇街区应深入挖掘各自历史文化资源，结合各自实情打造自己的特色文化品牌。三要注重后期管理运营。特色小镇的施工建设只是开头的一小步，后期的管理、维护和运营是重头戏，

不能相互割裂，造成资源浪费，要使特色小镇建立在可持续发展的基础上。

（二）做精做强优势特色产业。特色产业是特色小镇发展的核心，是保持特色小镇生命力的最关键因素。特色小镇的健康发展必须遵循“产城融合”的原则，既要通过产业发展提供支撑力量，又要兼顾城市的基本公共服务功能。行业管理部门应当在特色小镇的“产城融合”中发挥“引导者”作用。特色小镇建设将始终坚持产业为主，而产业的发展前景和特色性直接决定了未来小镇的活力，产业以小规模、紧凑型、集约化方式为主，小镇以产业之间的跨界、融合和共享为主要运行方式。特色小镇追求的不是面面俱到的全产业体系，而是单兵突进，聚焦某个优势产业。因此，确保某一产业在小镇中的独特及主导地位，围绕其来打造完整的产业生态圈，是激活小镇经济，促进小镇特色形成的重中之重。“集中突破”是特色产业发展的关键，小镇的特色产业选定后，将注意力集中于产业链思维上，把特色产业逐步做精做强，同时完成资金、人才、科技、信息等高端要素的集聚，挖掘历史人文要素的集聚，充分体现特色小镇的创新导向，逐步形成特色产业的规模发展优势。在产业上，必须紧扣产业升级趋势，锁定产业主攻方向，构筑产业创新高地，力求“特而强”产业选择决定小镇未来。

一要独特。特色是小镇的核心元素，产业特色是重中之重。找准特色、凸显特色、放大特色，是小镇建设的关键所在。每个特色小镇都要紧扣市里确定的主导产业和历史经典产业，主攻最有基础、最有优势的特色产业，不能“百镇一面”、同质竞争。即便主攻同一产业，也要差异定位、细分领域、错位发展，不能丧失独特性。二要有效。特色小镇的建设不要华而不实的增长指标，要的是“转型”与“创新”的含金量，投资必须突出有效性。三要质量。产业布局上，不能“新瓶装旧酒”，也不能在原有区块贴“新标签”。项目甄别上，不能“捡到篮子里的都是菜”，特色小镇的项目必须是精挑细选的好项目。投入产出上，不能仅靠数字、指标说话，更要靠形象、效益、实物说话。

（三）创新融资方式，坚持市场化运作。在运行上，特色小镇不能由政府大包大揽，必须坚持企业为主体、市场化运作。特色小镇的成败不在于政府是否给帽子、给政策，关键在于企业是否有动力，市场是否有热情。因此，特色小镇不能由政府大包大揽，必须坚持企业为主体、市场化运作。政府要有所为、有所不为，做好编制规划、保护生态、优化服务，不干预企业运营。一要摒弃“先拿牌子、政府投资、招商引资”的传统做法，引入有实力的投资建设主体，让专业的人干专业的事。二要给予小镇独立运作的空间，发挥当地居民、村（社区）的主动性和积极性，引导各方社会力量参与小镇的规划建设，使市场主体和当地居民成为特色小镇开发建设的真正主体。三要借助互联网，促进产业融合发展。很多小城镇有自己特色的产业和产品，而且品质很好，但是量不大，借助互联网，可以促进农业、加工、销售、贸易、售后等相关产业的融合发展，促进小城镇做得更专、更精、更强。四要创新融资方式，探索产业基金、股权众筹、PPP 等融资路径，加大引入社会资本的力度，以市场化机制推动小镇建设。五要注重引入战略投资者，吸引多元主体参与小镇建设和发展。

（四）做好整体规划和形象设计，确定小镇风格。在建设上，要多维展示地貌特色、建筑特色和生态特色，力戒“大而广”，力求“精而美”。一要求精，不贪大。小，就是集约集成；小，就是精益求精。要根据地形地貌，做好整体规划和形象设计，确定小镇风格，建设“高颜值”小镇。二要求美，不追高。特色小镇的“美”不是高楼大厦撑起来的，关键是建筑特色和艺术风格。从小镇功能定位出发，强化建筑风格的个性设计，系统规划品牌打造、市场营销和形象塑造，让传统与现代、历史与时尚、自然与人文完美结合。三要求好，不图快。必须生态优先，坚守生态良好底线，实行“嵌入式开发”，在保留原汁原味的自然风貌基础上，建设有地域特色和人文底蕴的美丽小镇，让绿色、舒适、惬意成为小镇的常态。总之，小镇的形态之美，是独特的自然风光之美、错落的空间结构之美、多元的功能融合之美、多彩的历史人文之美的有机统一。

（五）强调“产、城、人、文”融合发展。在功能上，要深挖、延伸、融合产业功能、文化功能、旅游功能和社区功能，避免生搬硬套、牵强附会，真正产生叠加效应、推进融合发展。一要发掘文化功能。文化是特色小镇的“内核”，每个特色小镇都要有文化标识，能够给人留下难忘的文化印象。要把文化基因植入产业发展全过程，培育创新文化、历史文化、农耕文化，汇聚人文资源，形成“人无我有”的区域特色文化。二要嵌入旅游功能。特色小镇的开发建设，旅游并不是核心目的，但拥有一定的旅游功能作支撑，小镇会更有生命力。山水风光、地形地貌、风俗风味、古村古居、人文历史等都是旅游题材。每个特色小镇都要利用自身的旅游资源，赋予休闲旅游、工业旅游、体验旅游、教学旅游、健康旅游等更加多元化的旅游功能。制造业特色小镇要围绕生产、体验和服务来设计旅游功能，三要夯实社区功能。建立“小镇客厅”，提供公共服务 APP，推进数字化管理全覆盖，完善医疗、教育和休闲设施，实现“公共服务不出小镇”。

特色小镇建设要尊重小镇的特性和发展规律，量力而行、因地制宜，体现区域差异性，提倡形态多样性，不搞区域平衡、产业平衡、数量要求和政绩考核，避免脱离实际照搬照抄。争取建设一批，成熟一批，才能真正让特色小镇健康成长。

付洪芬　王保坤

2018 年 12 月

乡村振兴的昌邑模式

早在2017年10月18日，习近平总书记在党的十九大报告中指出：农业农村农民问题是关系国计民生的根本性问题，必须始终把解决好“三农”问题作为全党工作的重中之重，实施乡村振兴战略。继而，2018年中央一号文件《中共中央国务院关于实施乡村振兴战略的意见》将乡村振兴提高到国家顶级战略层面。同年3月5日，李克强总理在《政府工作报告》中强调，大力实施乡村振兴战略。随后中共中央政治局于同年5月31日召开会议，审议《国家乡村振兴战略规划（2018-2022年）》，9月，中共中央、国务院正式印发了《乡村振兴战略规划（2 018 — 2022年）》，并发出通知，要求各地区各部门结合实际认真贯彻落实。昌邑市在促进乡村振兴的大背景下，本着唯物主义矛盾特殊性的原则，立足实际，因地制宜，发挥优势，点点相连，以点带面，打造乡村振兴的昌邑模式。

一、昌邑市现状简介

（一）经济社会发展情况

1. 总体概况。昌邑市位于山东半岛西北部，渤海莱州湾南岸，属环渤海经济圈，为国务院确定的沿海对外开放城市之一，在黄河三角洲高效生态经济区、山东半岛蓝色经济区、胶东半岛高端产业聚集区“三区”建设中，功能叠加。是“中国丝绸之乡”“华侨之乡”“中国溴盐之乡”，连续6年获评“中国中小城市综合实力百强县市”“中国最具投资潜力中小城市百强县市”。入选“中国北方绿化苗木基地”“全国科技进步先进市”“首批国家智慧城市试点市”“全国生态文明先进市”“中国美丽乡村建设典范市”“全国粮食生产先进单位”“全国林业信息化示范市”“全省农业物联网技术应用示范市”“山东省农业机械化先进市”等荣誉称号。

2. 社会经济条件。昌邑市域总面积1 627.5平方公里，辖3街道6镇1经济发展区，690个行政村（居委会），全市总户数为18.75万户，总人口为58.64万人。2019年，全市实现地区生产总值470.37亿元，三次产业构成比例达到10.2：48.4：41.4。全市财政总收入实现69.37亿元，一般公共预算收入突破30亿元。全市完成农林牧渔业总产值92.26亿元。

3. 农业概况。2019年，全市粮食播种面积121.05万亩，产量49.82万吨。棉花种植面积3.34万亩，产量0.28万吨。油料作物种植面积2.69万亩，产量0.84万吨。蔬菜种植面积14.1万亩，产量58.13万吨。全市肉类总产量10.56万吨，水产品总产量达20.07万吨。农机总动力达98.82万千瓦。农林牧渔业用电量达3.12亿千瓦时。

（二）乡村发展优势和潜在条件

1. 农业资源丰富。生姜常年种植面积10万余亩，总产45万吨，总产值20亿元。苗木面积达到10万亩，苗木存量2亿株，年交易额5亿元。海岸线长53公里，浅海面积430万亩，滩涂30万亩。农业资源优势突出，条件优越，历经多年发展和沉淀，已经具备将有形农业资源和品牌、专利等无形资产及其未来收入变成农业资产的良好机遇，用转换后的资产支持产业深度融合。

2. 产业优势突出。昌邑在诸多优势产业中，以生姜产业为代表的优势产业符合产业振兴的三大因素，即具备生产规模大、效益突出和农户利益联结紧密三者高度粘合。一是生产方式绿色。为避免土传病虫害危害，全部实行生产区域轮作换茬制度，使用提早播种和延迟收获技术、遮阳网覆盖技术和全程绿色防控技术，产品质量安全有效保障，亩产较普通栽培方式增产20%以上，亩均产量达到5吨以上，价格较普通生姜高0.2-0.5元/斤。二是品牌优势明显。2012年“昌邑大姜”被农业部认定为农产品地理标志产品；2014年全国唯一生姜价格指数“中国生姜指数网”落户昌邑，成为全国生姜每天价格的发布中心和风向标；2017年“昌邑大姜”区域公用品牌价值以20.22亿元位列全国生姜区域公用品牌价值第一位，昌邑生姜种植区被认定为国家特色农产品优势区；2018年“昌邑大姜”获得中国驰名商标荣誉称号。2019年，昌邑市（生姜）现代农业产业园被批准创建省级现代农业产业园。三是流通体系发达。全市以山东宏大生姜市场有限公司和山东琨福农业科技有限公司为龙头的生姜流通市场6处，带动周边地市约30万亩生姜基地蓬勃发展，吸纳5 000多家从事生姜销售的经纪人或者经销商聚集昌邑共谋发展。昌邑生姜年交易量达到300万吨，交易额突破150亿元，成为山东乃至全国最大的生姜交易流通市场。

3. 创新思维积极。昌邑市从政府层面至经营商户，乃至生产户，都围绕利益链接积极探索。特别突出的是在生姜产业方面，全市大力推行“公司 + 基地 + 农户”“市场 + 农户”“专业合作社 + 农户”等产业化经营模式。涌现出生姜专业合作社 50 余家，带动农户 4 000 余户。培育了丸和食品、智峰食品等一批带动力强的大姜深加工企业，年加工产值达 2.4 亿元。全市形成以市场联结、合作社带动为主的农民与新型经营主体利益联结长效机制，实现风险和利益共担。2019 年，姜农亩均收入 2 万余元，为产业振兴打下良好基础。

二、基本模式简介

“实施乡村振兴战略是一篇大文章，要统筹谋划，科学推进。”习近平总书记对山东提出“走在前列”的要求，提出推动乡村产业振兴、人才振兴、文化振兴、生态振兴、组织振兴“五个振兴”的齐鲁样板，为山东指明了主攻方向和实践路径。在上至国家政策下至地方特色的大背景下，昌邑市按照“支持有条件的乡村建设以农民合作社为主要载体、让农民充分参与和受益，集循环农业、创意农业、农事体验于一体的田园综合体，通过农业综合开发、农村综合改革转移支付等渠道开展试点示范”的要求，抢抓国家各类试点重大机遇，深挖自身发展潜力，拓展地方发展空间，深学政策、高点规划，积极推出多项乡村振兴试点项目，积极打造三农融合平台上“以点带面、三产融合、持续拓展”多元化的乡村振兴昌邑模式。其中规模最大的昌邑市“潍水农业公园”模式涵盖了突出的“潍水田园综合体”和“梨花水镇”两个核心子项目，而在探索发展“村企户”共建模式中，我们还积极推动工商企业、合作社、种养大户主导的其他形式的多元化土地流转形式。

（一）“潍水农业公园”

昌邑市潍水农业公园总投资约 50 亿元，总规划面积约 50 平方公里，总体建设年度为 2020-2022 年。项目区北至荣潍高速，东至省道 221（下小路），南至济青高速南侧博陆山风景区，西至潍河东岸。该区域北接山东省唯一的省级田园综合体试点项目——潍水田园综合体和 3 A 级景区青山秀水旅游度假区，南接 3 A 级博陆山风景区，涉及 25 个村庄。一期占地面积 1 350 亩，投资约 15 亿元，主要建设现代农业综合服务中心（产业研发中心、土壤采集分析与应用中心、乡村记忆博物馆、农产品展示馆和农民教育培训学校）、智能玻璃温室高效示范园和北方农产品集采中心。二期投资约 35 亿元，主要建设现代种业研发中心、半岛农资超市、潍河生态文旅带和社会化服务示范区。项目规划建设以积极融入潍坊国家农综区建设为前提，以"一河、两山、三区、四园、十大龙头项目"为发展核心，建成后，将形成集现代高效农业、农产品深加工、仓储物流、文化旅游、健康养老等于一体的"乡村振兴齐鲁样板先行区"，为加快实施乡村振兴战略，创新提升"三个"模式贡献昌邑方案。

项目成立专门工作组，在市农业农村局设办公室，承担专班日常工作。工作专班负责项目推进的总协调、总调度，定期召开会议研究重大事项，协调解决项目推进中的重大问题，确保项目顺利推进。各专班成员单位负责做好职责范围内各项工作，为项目推进提供审批服务、民事协调、后勤保障等高效服务，确保项目早开工、早建设、早达效。聘请山东恒源勘测设计有限公司在短时间内形成项目可行性研究报告上报山东土地发展集团和潍坊公司，与山东土地发展集团潍坊有限公司签订战略合作协议，山东土地乡村振兴基金管理有限公司、山东农业融资担保有限公司来昌邑市考察后，设立乡村振兴产业基金用于项目建设，为项目后续开展打下基础。

（二）"潍水田园综合体"

"潍水田园综合体"是经专家评审一致通过，在全省 14 个竞争立项项目中脱颖而出，被确定为山东省唯一的省级田园综合体建设试点项目。"潍水田园综合体"集循环农业、创意农业、农事体验等于一体，以"农业"为出发点，以"富农"为落脚点，项目总规划面积 20 平方公里，总投资 50 亿元，自 2017 年 10 月份正式开工建设以来，进展顺利，核心区基本框架业已形成，其中的突出亮点是农业嘉年华项目和齐鲁智农谷加工物流园区项目。

农业嘉年华项目。这是拓展都市现代农业现实形式、发展方式、运行模式的一种全新的探索、首创的实践，主要通过科技创新和文化创意，将嘉年华方式融入农业活动。项目分为三大板块：一是智能研学板块，由 3 座丰收塔组成，总占地面积 8 600 平方米，总投资 4 000 万元，分别规划为"未来农业馆""玫丽生活馆"和"筑梦姜来馆"。其中，"未来农业馆"与北京市农林科学院等合作，通过植物生长监控技术、云耕课堂、VR 体验、未来视窗等功能环节，为广大青少年展示高科技农业前沿生产技术。"玫丽生活馆"和"筑梦姜来馆"主要种植高附加值玫瑰和昌邑大姜，通过科学种植和农事体验，打造主题农产品文化空间。二是高效组培板块。主要由三个连栋玻璃温室组成，投资 3 540 万元，占地 1.6 万平方米，与潍坊市农科院开展合作，充分利用其在种质资源、良种培育、农产品安全等方面的优势，积极开展农作物新品种组培选育、设施农业新技术研发、新优特果树及观赏植物良种繁育，辐射带动周边地区的农业种植结构调整，推动区域经济和现代农业快速发展。三是示范种植板块。以“绿色、有机、生态、环保、科技”理念为引领，投资 1 800 万元建设总占地面积 5.5 万平方米的 14 座第六代现代农业日光温室大棚，其中 2 座为玻璃种植温室大棚，主要种植草莓、西红柿等作物，打造集栽培种植、休闲采摘、成果推广于一体的农产品生产示范基地。

齐鲁智农谷加工物流园区项目。主要以智慧物链信息产业港为龙头，总投资 2.1 亿元，总占地面积 200 亩，建筑面积 7.5 万平方米，将地区的特色产业与服务业最前沿技术相结合，打造品牌优势。以姜产品深加工、中草药加工为基础，加快物联网、大数据平台、云计算、区块链、冷链、物流、科研、电商、金融等技术在生产、经营、管理和服务等领域的广泛应用，形成产业链相加、价值链相乘、供应链相通的三链重构模式，辐射带动昌邑乃至山东半岛的生姜加工和物流配送，建设集品牌化、流程化、智慧化于一体的加工物流综合园区。园区在与阿里巴巴旗下的大数据物流平台“菜鸟云仓”开展的战略合作过程中，借助“菜鸟网络”数据资源和大数据分析能力，进一步完善了区域农业生产规划、明确了加工方向、拓宽了销售出路，实现了生产加工、仓储管理、产品销售等环节的全面提档升级。该项目充分将农村的一二三产业深度融合发展，将大姜的产业链条进行无限延伸，打造在全国独树一帜的生姜龙头品牌形象，既可以满足国内市场的需求，还为进军国际市场奠定了雄厚的产业基础，促进区域农村地区的农业增效、农民增收、农村繁荣。

（三）“梨花水镇”

“梨花水镇”项目是昌邑市实施文化产业新旧动能转换，推进昌邑市文化旅游建设新引进的重点项目。昌邑市饮马镇以山阳村为核心带打造的“特色梨花小镇”有着十数年的发展历程，在经济建设新时期和社会发展新时代，让“梨花小镇”在实现可持续发展的同时，为当地人民群众带来更多的客观收益。该项目位于昌邑市饮马镇辖区内潍坊宝通东街南部、潍河东岸，占地 6 500 余亩，计划总投资 30 亿元。该项目由中央外宣办主管的北京视点文化传播有限公司投资打造，2018 年 3 月份在北京正式签约，同年 5 月份完成项目整体规划设计，并于同年 10 月份开工建设。

客观条件决定现实需求，需求引导现实联系，联系是一个不断变化发展的矛盾统一体，不断查找问题，解决问题，以实现新发展。一方面，充分利用“梨花水镇”项目区的客观条件，针对广大群众的现实需求，打造特色项目区和利润增长点；另一方面，在以往经验、现有工作和未来规划中不断挖掘利润增长点和拓展相关产业链，促进一二三产业融合发展，以实现可持续发展。首先，做好“康养医”文章。以康养、精准医疗、传统文化传习等为产业发展方向，在博陆山南侧建设康养总部基地，总建筑面积 10 万平方米。从国家卫健委挂牌的 24 个慢病特色专科中引进 6 个特色专科，主要进行慢病调理和疑难杂症治疗。同时，引进国内知名的广安门中医院合作办医，并建立院士工作站，同步建设全国慢病培训中心，让人们享受到“康养医”与景区游览的“双重体验”。其次，续写“梨”的文章。继续以千年梨树为旅游吸引点，深度挖掘与拓展“梨文化”内容。在不断进行特色产品研发的同时，扩大和延伸相关产业链，一方面提升项目本身的附加值，成就产业新标高，另一方面，在每年“梨花节”期间，举办“千年梨树见证千人婚礼”活动，面向全球直播，打造“千年梨园文化”品牌，将原本较为单一的游览内容加以丰富，并不断扩大影响力和知名度，从而提升品牌价值，增加客观收益。第三，用好“水”的文章。一方面，以亲水游乐为引爆点，依靠临近潍河的得天独厚优势，在完全符合环保要求的前提下，通过挖渠引水，把潍河水引入整个项目区，打造 23 公里景观水系，用水将 8 大功能区串联起来，建设建筑面积 5 万平方米的温室水主题乐园，打造“江北乌镇”。另一方面，借助邻近峡山水库的优越条件，与潍河水系相连接，利用地平面落差打造水利发电站，可以为景区及周边居民群众提供新的电力保障。最后，点亮“坑”的文章。对四十多年石英石开采所留下的几大矿坑进行系统性的生态修复。主要是投资 5 亿元，建设总建筑面积 10 万多平方米的地心秘境主题公园项目。地心秘境主题公园是一期工程中最具特色的重点项目之一，这不仅是对过往已废项目的典型再利用和再开发，同时也是全国唯一的特色旅游景点项目，建成后将成为山东半岛地区乡村旅游方面的特色引爆点。

（四）“青阜农业公社”模式

改革开放以来，以家庭联产承包责任制为基础的一家一户分散经营模式，在释放农村生产力，调动农民积极性，推动农业农村发展方面发挥了重要作用。但发展到现阶段，传统的一家一户的土地经营模式，不能更好地实现土地、资金、技术等生产要素的高效配置。土地适度规模化生产经营成为必然的趋势。以“村企户”共建作为理论依据和操作精华，昌邑市从此处为切入点，探索实践了“村企户”共建模式，对土地、资金、技术等农业生产要素重新进行优化配置，实施土地适度规模生产经营。主要做法是，由村集体、农业龙头企业、村民三方组建土地股份制公司，企业以现金、设备、技术入股，村级以集体所属湾塘、沟坑路、“四荒地”作价入股，村民将承包土地经营权作价入股。生产经营过程中，在保证村民收益不低于土地流转价格的基础上，实行自主经营、自负盈亏、按股分红，每年经营利润除部分用于再生产外，其余按股权比例进行三方分配。

以昌邑市青阜村为例，丰瑞农业科技有限公司和青阜村委员会、全体村民，共同组建了阜瑞农业发展有限公司。经过两年的实践，取得了很好的经济效益和社会效益。一是农民增收。农民通过土地入股，参与利润分配，增加了收入。2018 年，青阜村每户增收 1 000 元左右。二是农业增效。主要是通过“村企户”共建，解决了资金投入问题，1.2 万亩土地实现了滴水灌溉、无人机撒药、联合收割、高标准仓储，农业生产效率和经营效益大幅提高，亩均降本增效 320 元。三是农村增强。通过“村企户”共建，村集体经济收入明显增加，解决了“无钱办事”的问题。青阜村先后投资 360 多万元，硬化了村庄道路，安装了路灯，实施了高标准绿化，新建了村级文化广场，村容村貌大为改观，被评为省级文明村。在抓好“村企户”共建的同时，我们还积极推动工商企业、合作社、种养大户主导的其他形式的土地流转，全市共签订土地流转合同 5 万余份，流转土地 40 多万亩，农村家庭一半左右的土地实现了有序流转，为推进土地适度规模生产经营提供了良好的基础。

三、整体发展思路

（一）总体指导思想

以习近平新时代中国特色社会主义思想为指导，深入贯彻习近平总书记关于“三农”工作的重要论述和对山东工作的重要指示要求，按照产业兴旺、生态宜居、乡风文明、治理有效、生活富裕的总要求；在借鉴“诸城模式”“潍坊模式”“寿光模式”这“三个模式”基础上，创新提升积极打造全省“乡村振兴齐鲁样板示范区”的总目标；在加快三农和三产交叉融合的同时，充分发挥区位、交通、土地、产业等多元化优势，打造乡村振兴的昌邑模式。在具体工作过程中，以马克思主义哲学本体论、认识论、方法论的基本原理为依托，从客观实际出发，因昌邑市隶属潍河流域、富水平原的客观生态环境现状，以及昌邑市身处山东半岛腰部、交通密集而辖区狭长、南北种植业差距较大的区域特点，针对难以解决第一产业同步实现跨越式发展的问题，坚持实事求是，积极学习考察，取长补短，主动查找并解决现实三农融合中存在的问题，以发展的眼光加以挖掘拓展，瞄准未来需求，谋求一二三产业链融合循环可持续性发展，实现乡村振兴。

（二）客观规划布局

根据马克思主义哲学本体论“物质决定意识，意识反作用于物质”的原理，规划首先应当符合当地条件需求，其次应当坚持可持续性发展。以“潍水田园综合体”为先锋，项目位于昌邑市石埠经济发展区，西依潍河，北靠青山，南至博陆山，地处昌邑潍河的核心和主轴地带，水力资源丰富，土地平缓，种植平台相对单一，但有特色种植作物。同时，项目区也是潍坊市的“东大门”，交通条件十分便利，属潍坊半小时经济圈和青岛一小时经济圈，有着相对较好的物流优势。针对项目区的区域环境客观条件，既十分适合流转土地从事规范化经营，又适合发挥特色种植作物，拓展延长相关农副产品的产业链和提升附加值。建成后将为“潍水农业公园”的建设发展夯实基础，成为区域发展的重要隆起带，带动、激活整个潍河周围区域上档升级、高质量发展。

（三）系统操作推进

根据马克思主义哲学认识论在实践过程中发现问题、分析问题以指导实践，进而解决问题的原则，首先应当树立“实践 - 认识 - 实践”的思想，以重复的可操作性明确项目推进的科学性，从而确保项目中的问题能够较好解决，避免在现实操作过程中出现“生搬硬套”或“听风是雨、急于求成”，而是相辅相成，提高效率。针对“潍水农业公园”项目本身而言，这既是一项解决现实的“三农”问题的普遍性工程，一项顺应经济社会发展规律、三产融合的系统性工程；同时又是一项“集循环农业、创意农业、农事体验于一体”打造人与自然和谐共生的特殊性工程。项目自 2017 年 9 月份以“潍水田园综合体”开工建设以来，工作中流转土地与道路硬化、园区构架等基础设施同步开工，与相关科研院所及时对接合作，后期工程规划及时跟进考究，积极注意加强与相关一、二、三产业工程项目的协调性。

（四）积极升级拓展

根据马克思主义哲学方法论，即唯物主义辩证法的“矛盾”“联系”“发展”“批判”

四原则，“潍水农业公园”项目，通过矛盾统一性原理处理各项问题，通过整体与部分、系统与要素的原则协调各方，通过量变与质变的原理提升产品与发展空间，通过自我否定检验与拓展产业链。基于“潍水田园综合体”的新乡村是具有自然、社会、经济特征的地域综合体，兼具生产、生活、生态、文化等多重功能，与城镇互促互进、共生共存，共同构成人类活动的主要空间。全面建成小康社会和全面建设社会主义现代化强国，最艰巨最繁重的任务在农村，最广泛最深厚的基础在农村，最大的潜力和后劲也在农村。发展田园综合体，探索实施乡村振兴战略，是解决新时代我国社会主要矛盾、实现“两个一百年”奋斗目标和中华民族伟大复兴中国梦的必然要求，具有重大现实意义和深远历史意义。实施乡村振兴战略是建设现代化经济体系的重要基础，实施乡村振兴战略是建设美丽中国的关键举措，实施乡村振兴战略是传承中华优秀传统文化的有效途径，实施乡村振兴战略是健全现代社会治理格局的固本之策，实施乡村振兴战略是实现全体人民共同富裕的必然选择。

四、存在的问题和今后应当注重的要点

乡村振兴既是一项解决现实的“三农”问题的具体工程，又是一项顺应经济社会发展规律、协调一产二产三产融合发展的系统性工程，更是一项围绕小康社会建设目标和社会发展现代化功能定位的庞大试点工程。应围绕抓好政策体系、产业体系、生产体系、经营体系、生态体系、运行体系、服务体系、拓展体系等八大重点支撑体系，查找并解决问题，促进乡村振兴和现代化建设。

（一）存在的问题和缺陷

乡村振兴发展存在的问题和缺陷既有已有的，也有未知的，主要存在以下五点：

一是在基础设施方面，虽然各个项目坚持基础工程同时施工，但并不一定能够保证工程质量和工程进度的科学性，若在基础工程建设中出现纰漏，后期的补充及改造将产生很多很大的负面影响。特别是在基础设施的跟进上，将对整个项目的后期建设产生极大的制约。

二是在整体效益方面，昌邑模板主旨是在三农平台内将一二三产融合达到富农，从而实现乡村振兴，但一二三产的融合过程和衔接关键处存在诸多节点，每一个节点出现问题

或断裂，将直接影响项目区产业链的顺接，从而制约整体效益。

三是在持续发展方面，发展的可持续性从根本上决定着各个项目的成功与失败，因此，既不能仅仅局限于已有的特色产业和运营模式，也不能抱着现有的产业链而处于僵化状态，否则会出现“不进则退”的现象，从而“枯竭”收场。

四是在生态环保方面，各个项目所面临的生态环保问题同样十分重要，因为潍河流域不仅在水资源上关系到周围群众的生活生产用水的质量问题，而且生态环保作为诸多子项目的依托和主体，是整个项目区的效益落脚点，是否能够做好生态环保文章，将直接和间接影响昌邑市的整体发展。

五是土地指标及部门配合，各个项目所面临的土地和政策协调都或多或少存在各种问题。以潍水农业公园建设为例，其现代农业综合服务中心（包括产业研发中心、土壤采集分析与应用中心、乡村记忆博物馆、农产品展示馆和农民教育培训学校中心等）、北方农产品集采中心、半岛农资超市和传统民居景观园等子项目，约需土地指标 500 亩。原饮马镇林海生物科技有限公司可倒腾土地指标面积 193 亩，但仍需预留足够的土地指标。同时又涉及到种植、加工、文旅、流通等不同产业业态，需要发改、生态、自然资源与规划等部门配合开展工作。这在拆迁并户工作中尤显突出。

（二）今后发展应当注重的要点

针对存在的问题和缺陷，在今后的规划落实和发展进程中，主要应注重以下五大要点：

一是夯实基础，完善生产体系发展条件。要按照适度超前、综合配套、集约利用的原则，充分梳理客观发展条件，查漏补缺、合理搭配，集中连片开展高标准农田建设，夯实农业生产能力基础；同时要加大涉农资金配套整合力度，加强“田园+农村”基础设施建设，整合资金完善供电、通信、污水垃圾处理、游客集散、公共服务等配套设施条件的建设。以生产条件的不断完善和提高，满足三农共同体的发展需求和持续升级。全产业链发展，需要关键核心技术支撑。建立产业技术研究院，开展技术攻关和产品中试试验，为一线生产保驾护航。政府从组织、财政、人才、土地、金融等方面提供支持，保障资金链的衔接。各个基本层面以一个循序渐进的过程，促进核心特色产业的发展，保障整体发展需求。

二是因地制宜，扩大各重点项目的效益。积极扩大各大项目的辐射面、带动面和产业链。就打造田园共同体本身而言，虽然田园共同体是基础，也是核心，但却并非独立于整个经济社会体系之外的，而是一产二产三产的综合融合体，既需要工业体系的基础保障，同时也需要第二产业各方面的保障。而第三产业不但是其服务的直接来源，更是其附加价值的显著体现。因地制宜，根据自身客观条件，深入分析三农平台中三大产业的联系，不仅能够扩大重点项目的辐射面、带动面，并拓展产业链，而且能够延伸相关产业发展方向。

三是可持续性，及时引入新的发展主题。加强可持续性管理，以发展的眼光适时及时引入发展新主题。创业创新，积极培育、引导新型农业经营主体，在三农平台上研发一二三产业经营体系融合发展新动能。进一步完善农业社会化服务体系，在田园综合体建设过程中，积极通过土地流转、股份合作、代耕代种、土地托管等方式，促进农业适度规模经营，逐步促进小农户和现代农业发展有机衔接，推进“互联网＋现代农业”，加快构建现代农业生产经营体系。积极推动农业资源变资产，针对民营企业普遍资金不足、承受风险能力差的现实，建立以国有资本为主要控股的集团公司，将政策配合到位，吸引政策性基金支持，可极大回避风险，从而调动民营企业积极性，使农业资产利用能够发挥最大功效，实现可持续性发展。

四是绿色发展，构建乡村振兴发展体系。在牢固树立“绿水青山就是金山银山”的发展理念基础上，优化田园景观资源配置的同时，深度挖掘农业生态附加价值，统筹农业景观功能和体验功能，凸显宜居宜业的新特色。积极发展循环农业，充分利用农业生态环保生产新技术，在促进农业资源节约化、农业生产残余废弃物减量化和资源化再利用的同时，实施农业节水工程，加强农业环境综合整治，实现农业良性发展。在此基础上，积极拓展发展空间，促进相关产业链整体升级，实现乡村振兴的绿色循环。

最后，应特别注意的是乡村振兴不是拆迁卖地。国家对于乡村的扶持其实一直没有停止，从以往的“新农村建设”“美丽乡村建设”到现在的“乡村振兴”，三农问题一直是国家发展的一个重点关注问题。在以往的建设中，存在着不少将乡村建设等同于“乡村亮化工程”的做法，而现在在拆迁并村过程中也存在一个悖论，农村建设的目的是什么？是为了惠及农民，改善农民生活质量，还是为了圈地卖楼？ 农民是农村的主人，我们的乡村振兴政策一定要始终围绕“为农民谋福利”的原则，实实在在地惠及农民。我们都知道，农村的生活成本是比较低的，粮食、蔬菜自己种，鸡鸭牛羊自己养，吃水也可以自己打井。上楼之后，农民的生活成本有显著的提高，但是上楼并不会增加农民的收入来源，甚至会剥夺一些收入来源，增添生活负担。不少地方的新农村社区，只是将农民赶到了楼房上，但是，农民依旧从事农业生产活动，该种地种地，该种菜种菜，没有了原本敞亮的院子，一些农具、机器存放起来很不方便，尤其是上下楼的搬运很麻烦。对于这些依旧依靠农业为生的人，上楼对他们而言往往弊大于利。这种情况下，一些人上楼后花钱越来越缩手缩脚，生活质量出现了显著的下滑。“赶农民上楼”与“乡村亮化工程”并没有本质的区别，乡村振兴如果仅仅停留在“建楼、住楼”的层面，那远未触及实质，仍旧是面子工程。中央提出的乡村振兴的五大要求中，排在第一位的是“产业兴旺”，这是乡村振兴的核心动力，如果没有配套的产业，那么匆忙赶农民上楼的结果只能是增加了农民负担，远离了乡村振兴。

董存良　王朝晖

2019 年 11 月

加强“三农”工作队伍建设

促进乡村人才振兴

党的第十九届五中全会通过的《中共中央关于制定国民经济和社会发展第十四个五年规划和二〇三五年远景目标的建议》中指出：“优先发展农业农村，全面推进乡村振兴。坚持把解决好“三农”问题作为全党工作重中之重，走中国特色社会主义乡村振兴道路，全面实施乡村振兴战略，强化以工补农、以城带乡，推动形成工农互促、城乡互补、协调发展、共同繁荣的新型工农城乡关系，加快农业农村现代化”。“优先发展”成为三农工作的总方针。优先发展农业农村的关键在人才，而早在十九大报告中就已经明确提出，“加强农村基层基础工作，培养造就一支懂农业、爱农村、爱农民的‘三农’工作队伍”。当前“三农”工作队伍主要包括乡镇村的干部队伍、农业专业技术人才队伍和新型职业农民以及新型经营主体队伍。近年来昌邑市在农村人才建设方面做了许多工作，取得了可喜的成就，为乡村振兴奠定了坚实的人才基础。

一、经验做法

实现乡村人才振兴，首要任务是发挥地区比较优势，吸引人才进入乡村，运用政策、机制、机会等多种方式，真正实现“吸引人才到乡村”。实践中，昌邑市通过各种途径为乡村振兴集聚人才。

（一）实施四大工程。第一、大力实施乡村高端人才引领工程、新型职业农民培育工程和乡村青年人才储备工程这“三大工程”，引进、培育领军型人才、新型职业农民和乡村青年人才，实现人才要素向乡村流动。第二、实施乡村高端人才“引领工程”。围绕现代种业、农产品精深加工、高效农业投入品等现代高效农业重点领域，集中资源引进掌握关键核心技术的领军型人才。第三、实施新型职业农民“培育工程”。组织家庭农场经营者、农民合作社带头人、农业企业骨干等生产经营型职业农民，进行系统化、专业化、高端化培训，提升涉农企业经营管理、专业技术水平。第四、实施乡村青年人才“储备工程”。支持大学生和进城务工人员、退伍军人等群体中的青年人才返乡投身现代农业，对“领创领办”带动村集体经济发展、带领农民共同致富的青年人才，优先推荐申报昌邑市乡村之星、潍坊乡村之星等重点人才工程。

（二）加强关键人才队伍建设

关键人才队伍的行为举止对其他各类乡村人才有着引领示范作用，抓乡村振兴中的关键人才队伍，就找到和抓住了乡村人才振兴的支点，可以发挥事半功倍的放大效应。工作中，昌邑市充分发挥党的政治优势，把党的全面领导落实到乡村振兴的全过程，突出抓了“五支关键人才队伍”。

一是农村带头人队伍。坚持把选准育强村级带头人作为实施乡村振兴战略的突破口，积极组织农村优秀支部书记、实用技能人才到浙江等地学习考察，通过寻标对标开阔视野、提高素质能力。高标准完成村“两委”换届选举，新当选的村级班子年龄、学历、能力“三个结构”进一步优化。连续两年在潍坊市委党校举办昌邑市村级党组织书记培训班，通过提前了解村支部书记“急需急盼”，量身设计服务党员群众、发展壮大村集体经济等七大课程，采取“理论辅导、业务讲解、研讨交流、现场教学”四结合的方式，增强培训的针对性和实效性，收到了村书记欢迎、人力财力“双节约”的效果。

二是乡贤人才队伍。围绕破解乡村振兴的人才瓶颈，昌邑市以实施“乡贤人才集聚”工程为抓手，从本土及在外的昌邑籍企业负责人、经济能人、退休干部等群体中选出有威望、有奉献精神、有带动能力的贤达人士 2 300 多名。组织指导有条件的镇村全面摸排各类乡贤人才，建立乡贤人才信息库，推动镇、村成立乡贤人才联谊会 92 个。引导乡贤人才积极投身乡村建设，乡贤人士已帮助引进项目 14 个，吸引投资 4 000 余万元，开展捐资助学、访贫济困 130 余次，捐助资金 130 余万元，化解矛盾纠纷 120 余次，他们在修订镇志、村志等工作中积极建言出力，给予了大力支持。

三是第一书记队伍。选优配强第一书记是激活村级动力的有效方式，工作中，昌邑市注重有效压紧压实工作责任，加强经常性调度，不断激发这支队伍的活力和创造力。接续开展四轮包村联户活动，本轮共精准选派 52 名政治素质高、组织协调能力强、热心为群众服务的优秀干部到村担任第一书记，实现了省定扶贫工作重点村、软弱涣散村帮扶全覆盖。采取综合措施，推动第一书记驻得下、干得好。目前各帮扶单位共投入帮扶资金6 170万元，发展村级增收项目43个，实现增收133万元，有力推动了帮扶村各项事业发展。

四是农村党员干部队伍。扎实推进党员进党校培训工程，确保3年内全部轮训一遍，打造党员修身养性的“红色殿堂”。深化农村党员积分制管理，进一步细化完善积分办法和考核标准，将积分结果与评先树优、党员民主评议挂钩，教育引导广大党员充分发挥先锋模范作用，为乡村振兴贡献力量。

五是农村实用人才队伍。加大培育力度，以家庭农场、农民合作社、农业龙头企业等新型农业经营主体领办人和骨干农民为重点，强化能力素质培训、生产经营服务、产业政策扶持等，突出内部挖潜增效，促进农村实用人才队伍成长壮大。

二、措施与建议

为促进乡村振兴，实现城乡的可持续发展，应密切联系基层的客观实际，在政策落实过程中，根据本地特色灵活制定和实时调整“三农”工作队伍建设策略。

一要健全体制。这主要包括强化制度落实机制和活化人才管理机制，打造完善的“三农”工作体制，进而加强“三农”工作队伍建设。2019年中央一号文件强调指出，牢固树立农业农村优先发展政策导向，优先考虑“三农”干部配备，把优秀干部充实到“三农”战线，把精锐力量充实到基层一线；优先满足“三农”发展要素配置，坚决破除妨碍城乡要素自由流动、平等交换的体制机制壁垒，推动资源要素向农村流动；优先保障“三农”资金投入，坚持把农业农村作为财政优先保障领域和金融优先服务领域，公共财政更大力度向“三农”倾斜；优先安排农村公共服务，推进城乡基本公共服务标准统一、制度并轨。同时要积极探索构建有利于乡村振兴的“三农”人才成长管理体制，基本形成由农业农村局牵头，各有关部门积极配合，全市上下协调联动，各种社会主体广泛参与的“三农”人才工作格局。深入推进“县管校聘”、干部教师交流轮岗等工作，鼓励引导优秀教育干部和骨干教师向农村学校、薄弱学校流动。促进农村青年教师安居工程、全面落实农村教师岗位津贴补贴制度，落实好职称评聘向农村一线倾斜的政策，以稳定和吸引更多的专业技术人才扎根基层，服务农业农村农民。同时，充分发挥农业专业合作社、行业协会、农业龙头企业、社会化服务组织等各类新型经营主体在农村实用人才培养中的“蓄水池”作用，完善农村基层人才服务相关政策，解决好人才服务“最后一公里”的瓶颈制约问题，为人才发展打开空间，留住人才，充实乡村振兴的“三农”工作队伍。

二要用好用活激励政策。各地党委政府要用足用好用活中央以及省市对于激励“三农”工作队伍的一系列方针政策，同时立足本地实际，适时出台有关“三农”工作队伍的利好政策，吸引各类优秀人才投身农村农业发展，实现人才集聚。要在基层干部的待遇优化和晋升渠道方面制定科学规范，打造稳定的农村干部队伍。通过打好年轻干部公开考选进基层、发放基层工作补贴、交通费补贴等政策“组合拳”，让基层干部扎根基层安心工作。同时研究试点农村干部队伍晋升渠道和干部交流平台，把扎根基层、能力突出、群众满意、示范带动作用强的农村干部人才留下来，强化政治激励、物质奖励、精神鼓励，建立完善农村基层人才吸纳机制，稳定农村基层人才队伍。要坚持干部在三农一线培养、从三农一线选拔的干部培养选拔机制。潍坊市从 2019 年以来，选拔了 23 名“三农”一线工作的干部进入县市区党政班子，从优秀村党支部书记中考录 29 名镇街公务员和事业单位人员。尊重人才流动规律，搭建吸引人才创业平台载体和靠产业聚人才、靠岗位引人才，让现代农业园区、为农服务中心、产业合作社、农村电商、益农信息社等平台载体，村第一书记、乡村规划、建筑、园林师、科教文卫体等专业岗位成为人才入乡施展才能、实现价值、成就自我的人生舞台。

三要强化培训。加强培训和培养力度，强化基层党组织的作用是加强“三农”工作队伍建设的必然要求，而打造专业的实用人才队伍也是加强“三农”工作队伍建设不可缺少的重要一环。潍坊市持续开展“基层党支部书记进党校”的培训，不断提升广大基层一线“三农”工作队伍带头人的基本素质，大幅开拓他们的视野，提升了发展思维和能力。而在专业人才队伍培训方面，一方面，根据基层产业发展和转型升级方向，制定中长期农村实用人才引进和培养规划，合理设置人才培养数量，严格保证人才选拔考评质量，全面加强实用型人才、高技能人才培养工作。另一方面，积极开展职业农民培训，通过培训提升他们的科技和思维水平，靠他们来推动农业的机械化、智慧化、现代化。将农业人才培训列入镇街区农业发展中长期规划和年度计划，建立健全农业人才培训培养规章制度，努力提升队伍整体素质和技能水平。

四要抓人才引育。通过城乡人才资源交流、人才信息共享、劳务协作等方式，从各地引进急需的优秀三农人才，充实三农人才队伍。

加强人才招纳渠道，主要从以下三个方面扩大各类人才的招揽。首先，利用中国传统文化的“告老还乡”“落叶归根”等乡土情怀，吸引在外地的各类人才通过多种方式为家乡农业农村发展贡献力量。目前潍坊市建立了11 774人的农村在外人员信息库，已回引861人，其中55人担任村党组织书记。其次，通过各种渠道宣传介绍本地的特色经济、优势产业以及潜在发展点，吸引各类民营企业家和创业人士到本土发展，以带动本土人才的回流和外来人才集聚，增强三农人才队伍。近年来，潍坊市依托北京大学现代农业研究院、全国蔬菜质量标准中心等11个政产学研科技创新平台，引进瓜菜育种技术专家张兴平博士、生物技术专家章旺根博士、加州大学戴维斯分校陈时盛博士、中科院张伟炜研究员等学术团队，引进长江学者呙于明教授等创新团队（高端人才）5个，方智远、侯锋、吴明珠、李天来、邹学校等5位蔬菜院士被潍坊市聘为蔬菜种业顾问。最后，优化创业就业环境，改善“三农”工作队伍的工作与生活条件，以事业和待遇吸引人才，提高基层三农工作队伍的工作热情。经过多年的发展，农村基础设施和公共服务虽然已经有较大程度的改善，但是较之工业和城市，仍存在较大差距，对于人才的吸引力不够。比如教育、医疗等公共资源的不均衡，致使农村人才、基层干部有后顾之忧，难以全身心地投入到农业农村工作中去。这就需要积极改善基础设施和就业、教育、医疗等公共服务水平，加强农业农村公共服务体系建设，以良好的公共服务和基础设施留住人才。

董存良 王朝辉
2020年12月

后　记

今年是“十四五”开局之年，我国已经实现了全面小康，开始向全面推进乡村振兴迈进。为了总结昌邑市近几年乡村振兴工作的成就和经验，推进乡村振兴全面高质量发展，我们编辑出版了本书。本书将市委书记、党校校长吕姗姗在今年市委农村工作会议上的讲话作为序言。在编辑过程中，得到了市委办公室、市委组织部、农业农村局、文化与旅游局等部门和各镇街区的大力支持，为我们提供了丰富的素材，融媒体中心提供了部分图片，保证了本书的顺利完成。有关领导专家也对本书的编辑提供了帮助，在此一并表示感谢。

由于我们水平有限，书中难免会出现错漏之处，恳请读者提出宝贵意见建议。

本书编委会

2021 年 9 月